Nous vous invitons à suivre pas à pas les étapes suivantes pour produire deux merveilleux objets décoratifs :

2 galets uniques
et peints par vous-seul !

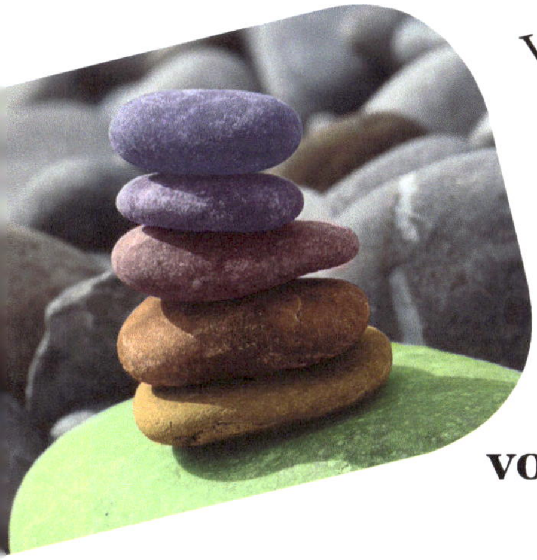

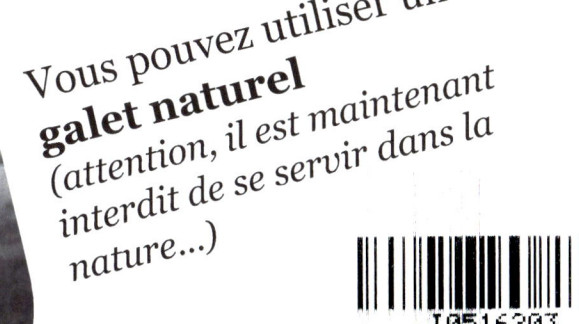

Vous pouvez utiliser un **galet naturel** (attention, il est maintenant interdit de se servir dans la nature...)

ou les **fabriquer vous-même en plâtre...**

à vous de jouer !

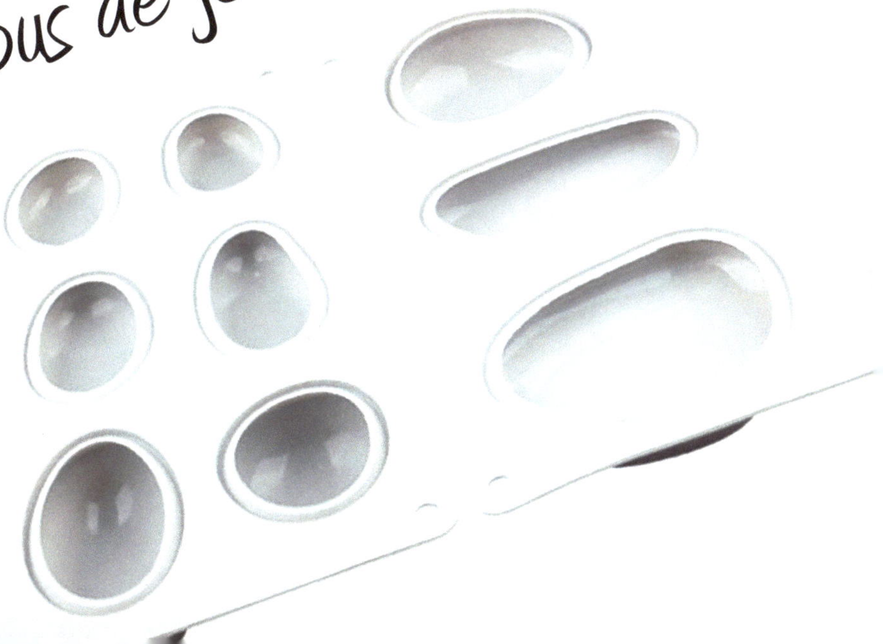

QUEL MATERIEL UTILISER ?
Liste des matériaux utiles

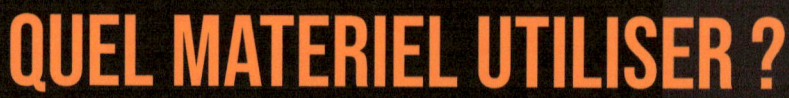

Des galets !

Faits-maison (celui de l'hippocampe est en plâtre), ou **ramassés** *(de manière exeptionelle afin de ne pas vider les plages de leurs galets naturels !)*, ou encore **achetés** en paquets, ou bien en **bois**...

De la peinture acrylique

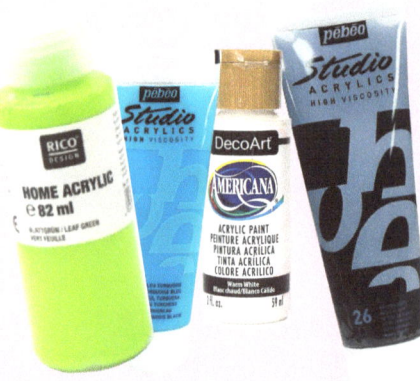

Toutes les peintures sont à tester par curiosité. Il y en a de **nombreuses qualités**, des **couvrantes**, des **liquides**, et répondant à de nombreux budgets. Les deux n'allant pas forcément de paire ;-)

De la peinture acrylique métallisée

Du **doré** aux **cuivrés**, en passant par la gamme des **argentés**, il y a maintenant à votre disposition un grand nombre de nuances différences **métallisées**.

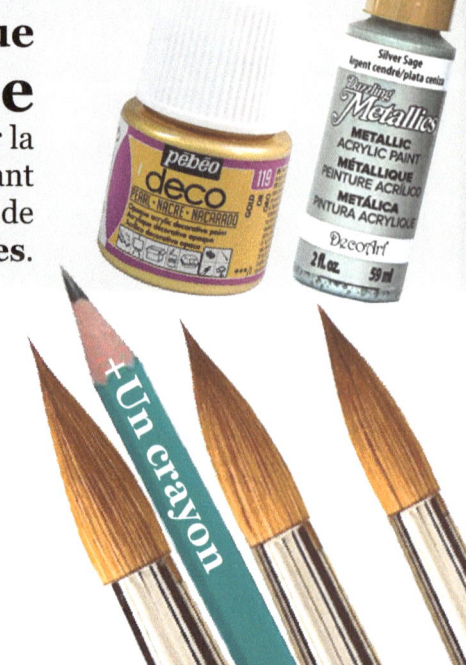

Des pinceaux

Dans les deux exemples suivants, **un seul gros pinceau suffira**. Mais vous pouvez poser les couleurs avec l'outil dédié de votre choix : **flacon, pinceau, doigts** !

+ Un crayon

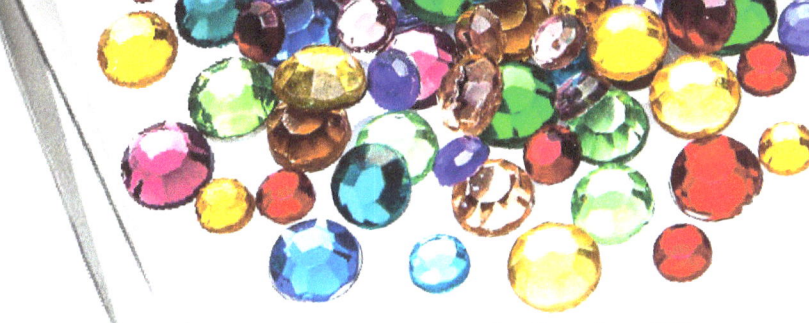

Des **pierres artificielles**

On peut facilement trouver des **strasses** ou des **pierres artificielles en plastique ou en verre**, de toutes les formes et de toutes les couleurs !
Et avec une **pince à épiler**, c'est plus facile...

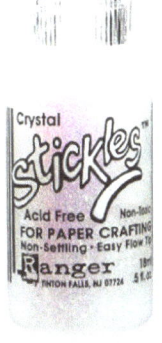

De la colle à paillettes

Couplée au vernis de finition, la profondeur obtenue est inégalable !

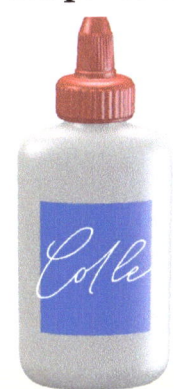

De la **colle**

N'importe quelle colle peut être utilisée.
Ici nous avons utilisé de la **simple colle acrylique** blanche. Attention aux types néoprènes ou avec solvant qui peuvent dissoudre les pierres artificielles.

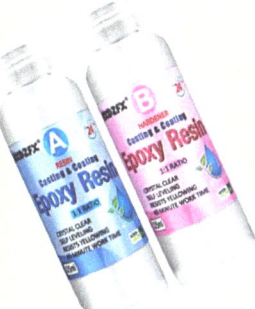

Du **vernis** et des **gants**

Un vernis acrylique brillant donne un bel effet.
De la résine époxy à 2 composants est parfaite aussi pour son brillant.

Des **outils** pour **dot painting**

Le *dot painting*, appelé aussi DOT ART, est une technique simple qui ne demande aucun savoir-faire de dessin !

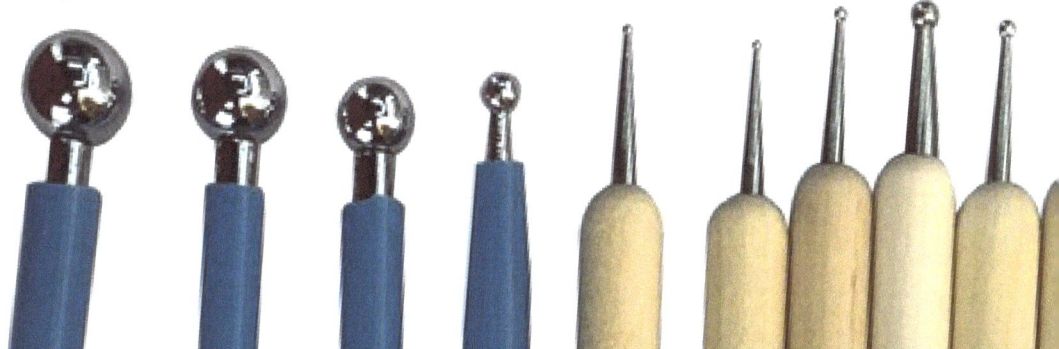

PEINDRE SUR UN GALET PAS À PAS

Exemple 1 : **HIPPOCAMPE**

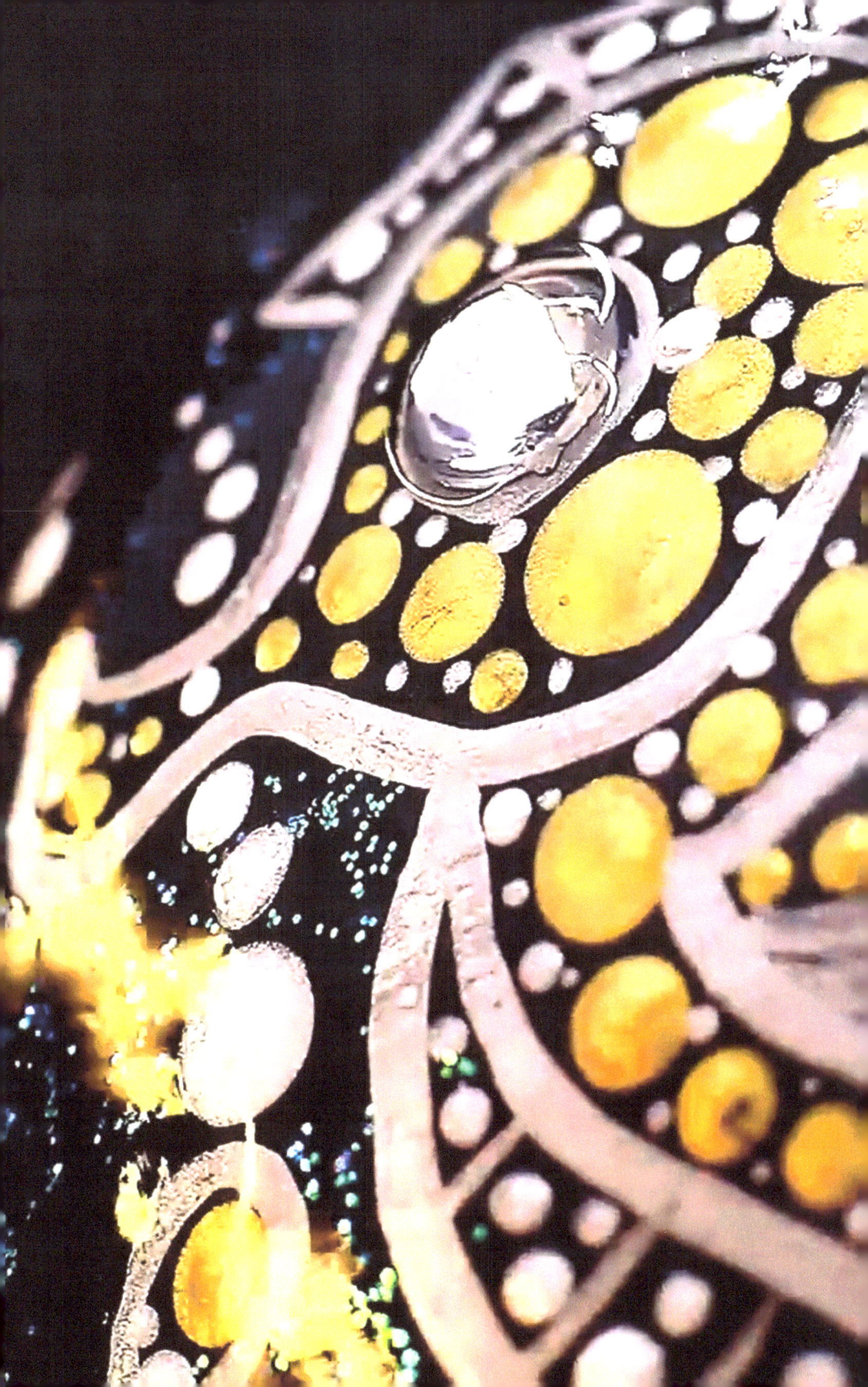

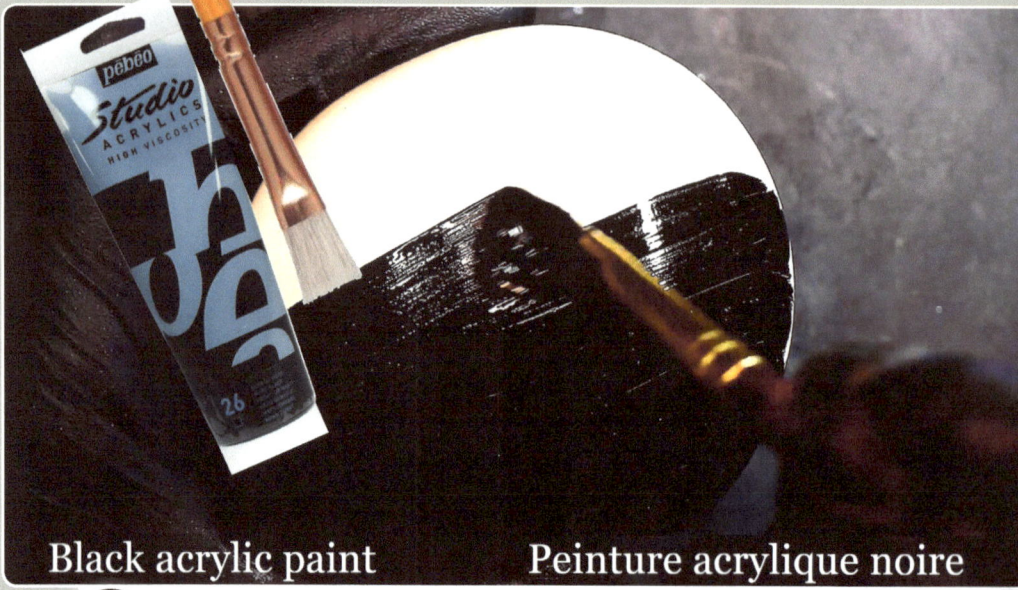

Black acrylic paint — Peinture acrylique noire

1 Peindre la face avant de votre galet dans une couleur unie, si possible assez foncée.

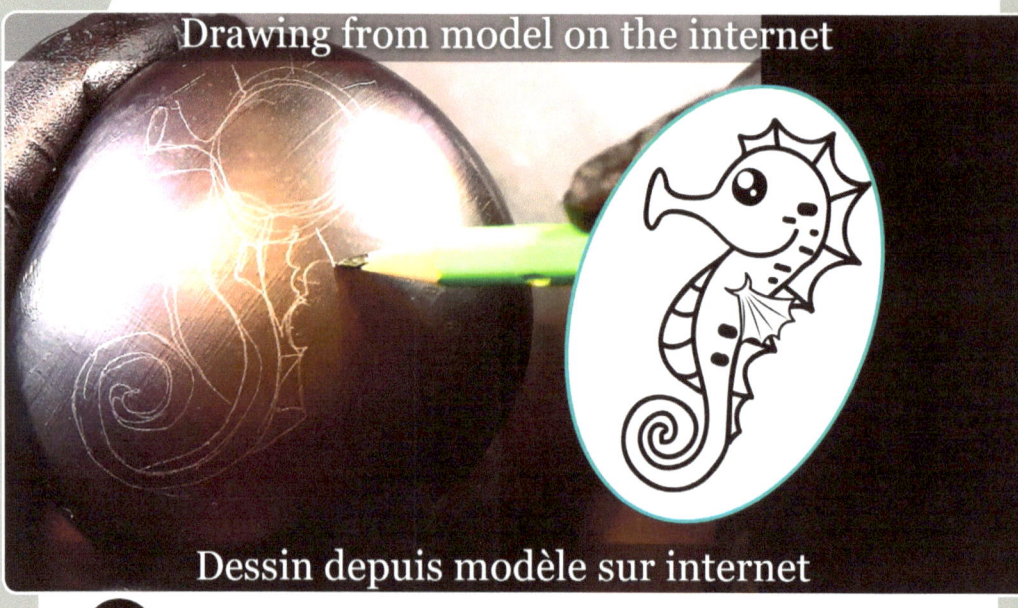

Drawing from model on the internet

Dessin depuis modèle sur internet

2 Reproduire le dessin ci-dessus ou le dessin de votre choix au crayon à papier.

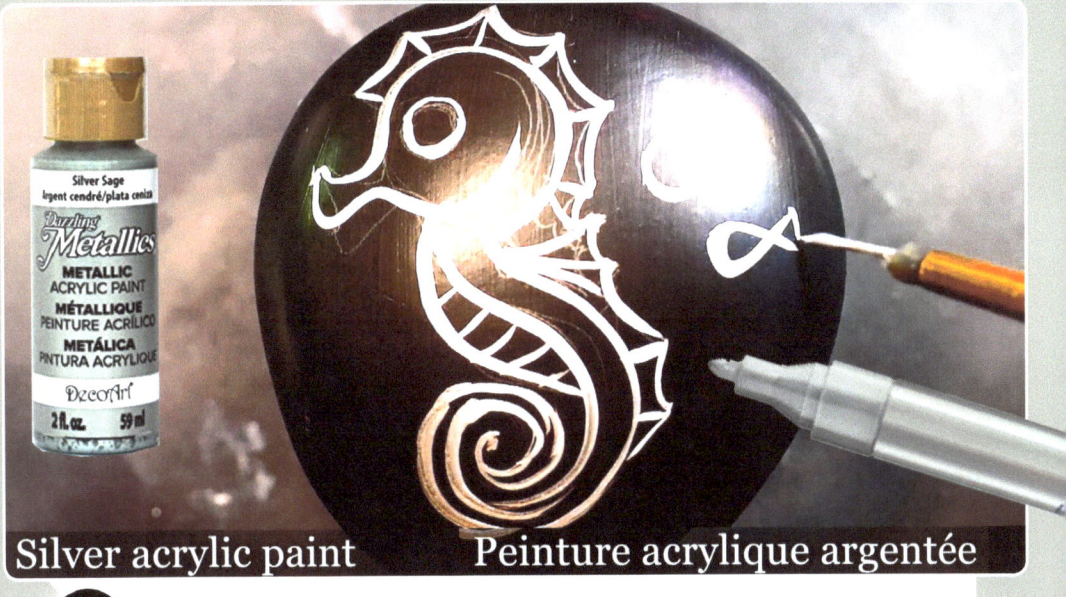

Silver acrylic paint — Peinture acrylique argentée

3 Repasser sur vos traits avec un trait fin de peinture acrylique argentée au pinceau ou à l'aide d'un marqueur acrylique argenté.

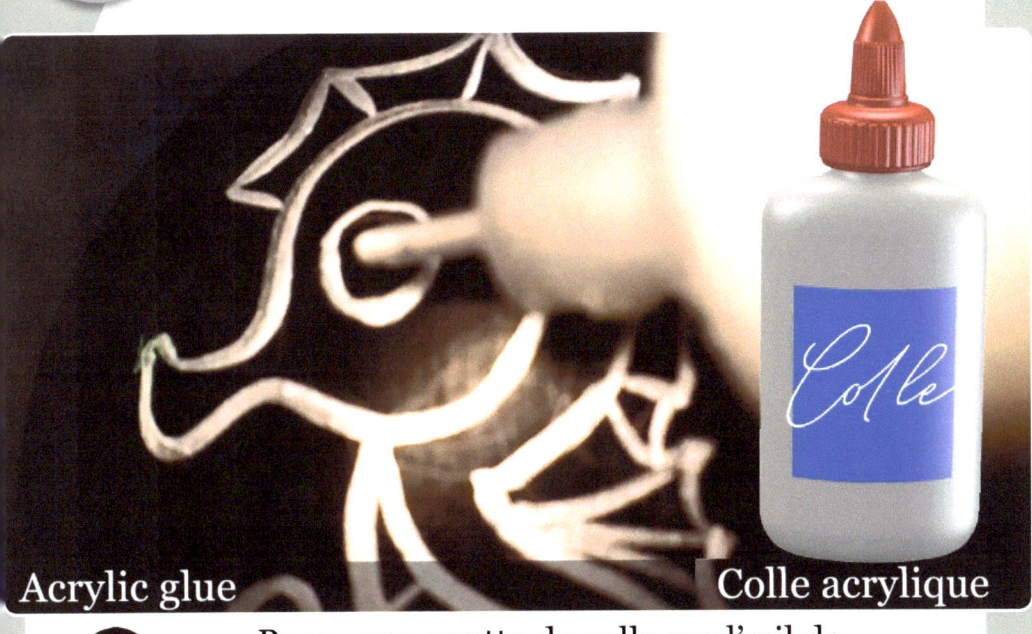

Acrylic glue — Colle acrylique

4 Posez une goutte de colle sur l'œil de l'hippocampe (au miminum à l'œil mais vous pouvez mettre plusieurs strasses ailleurs).

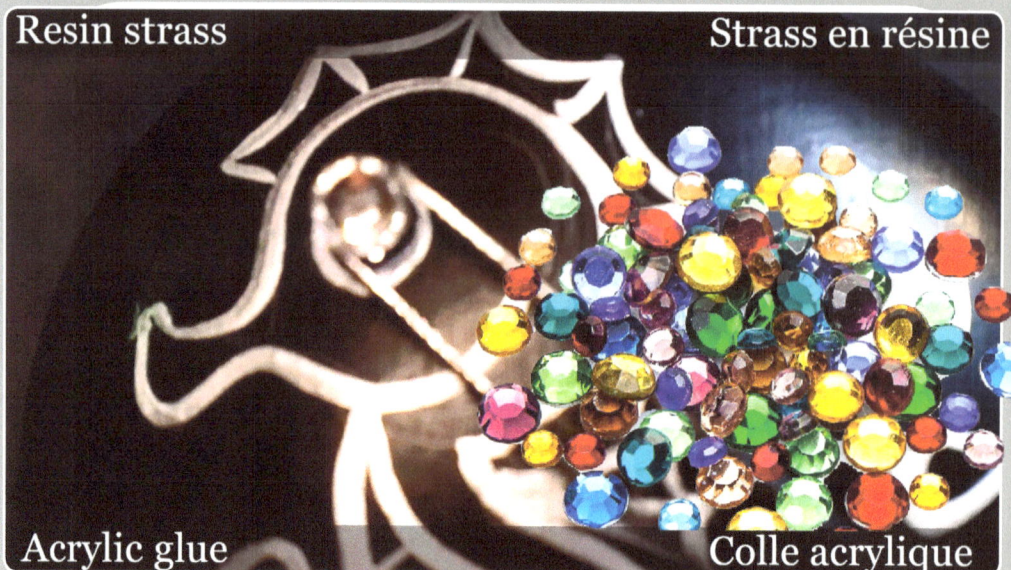

Resin strass — Strass en résine
Acrylic glue — Colle acrylique

5 Poser sur la colle une pierre précieuse artificielle, ou plusieurs selon votre envie.

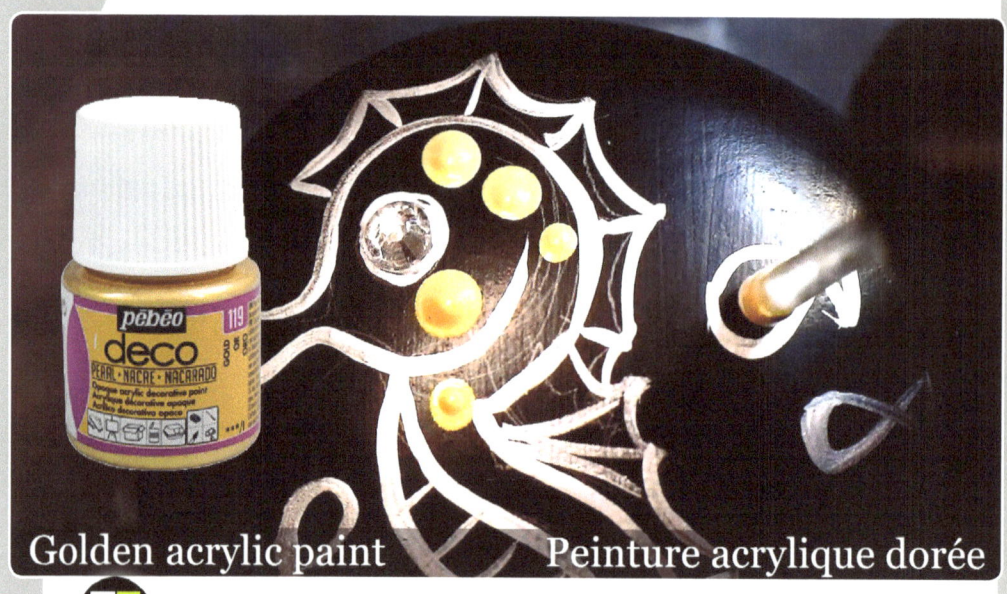

Golden acrylic paint — Peinture acrylique dorée

6 Dot painting : Commencer avec les plus gros points en remplissant à la peinture acrylique dorée les plus larges espaces.

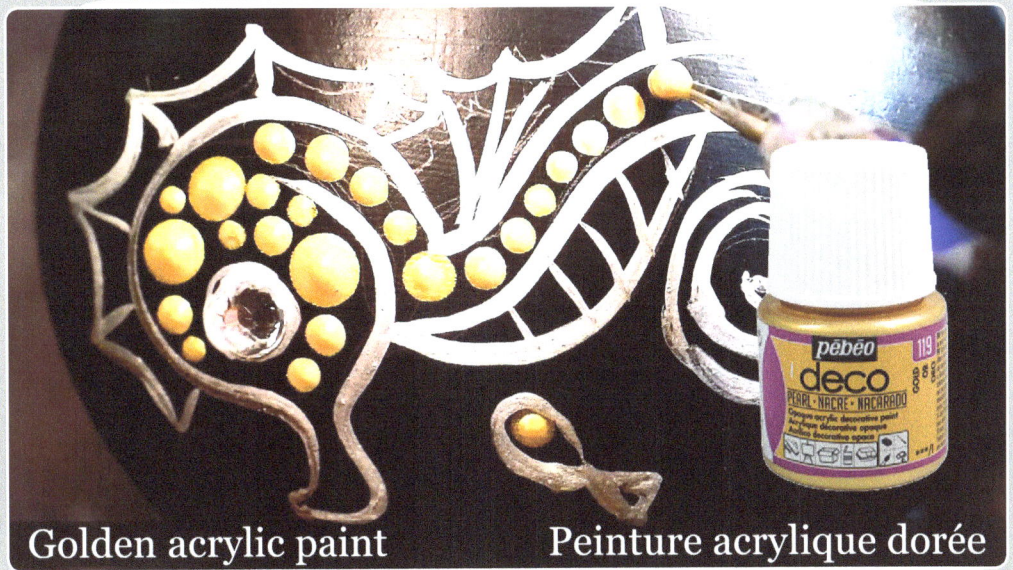

Golden acrylic paint   Peinture acrylique dorée

Répartir de gros pois sur le corps régulièrement.

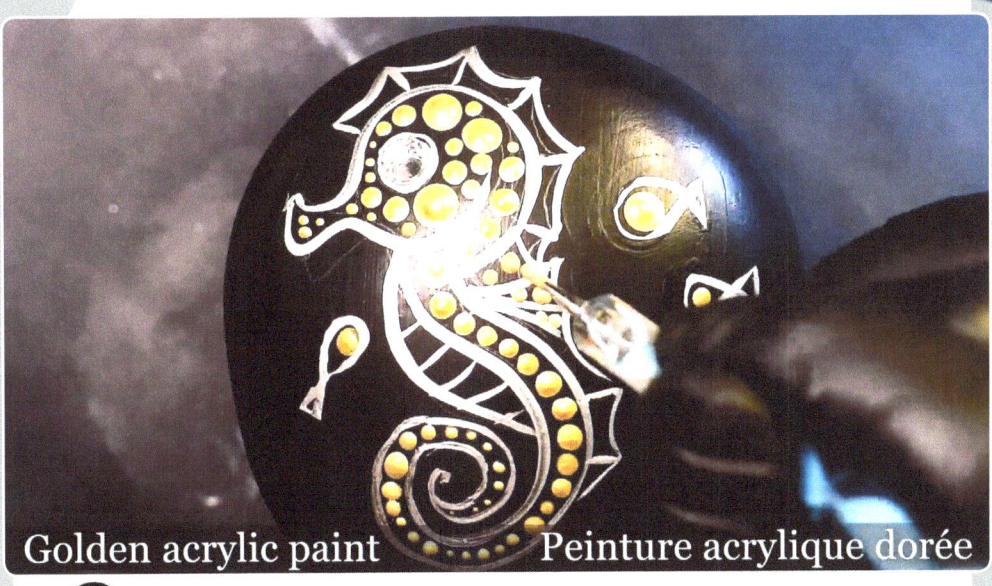

Golden acrylic paint   Peinture acrylique dorée

Poursuivre avec des pois plus petits à remplir les espaces restants en gardant des cases pour les autres coloris.

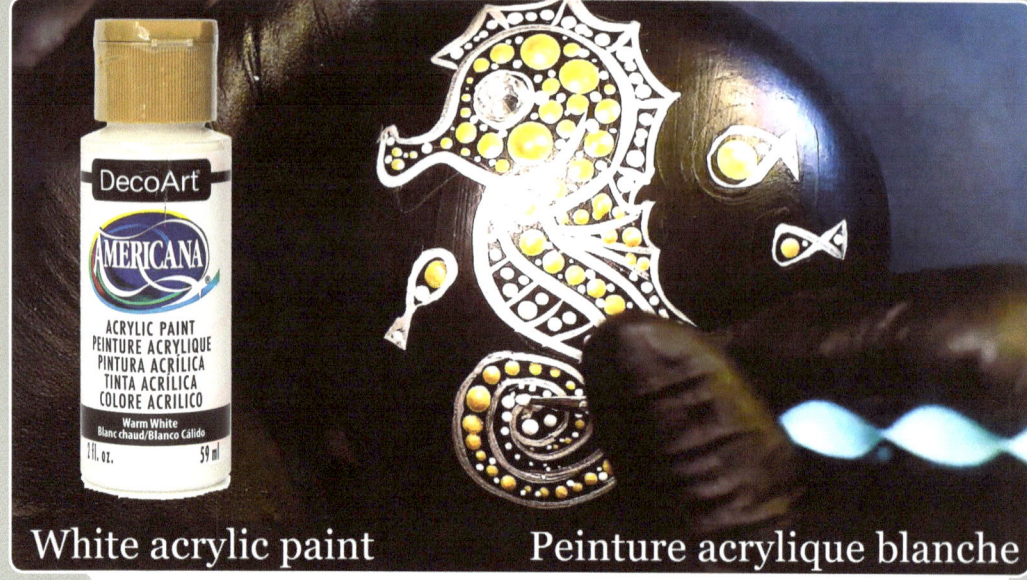

White acrylic paint — Peinture acrylique blanche

9 Remplir les espaces vides par un autre coloris : ici de la peinture acrylique blanche.

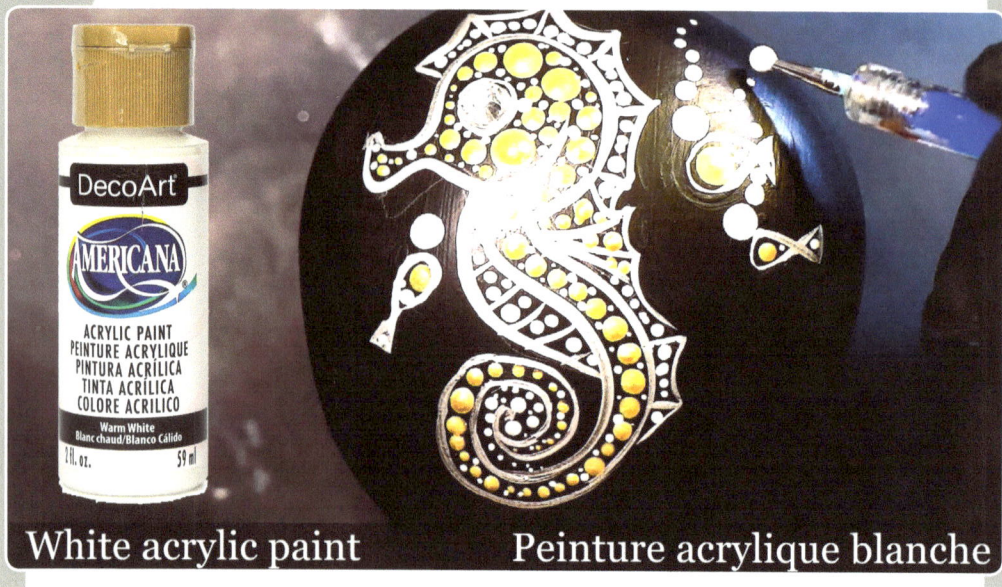

White acrylic paint — Peinture acrylique blanche

10 Dessiner des points de grosseurs décroissantes partant des poissons pour simuler des bulles d'air.

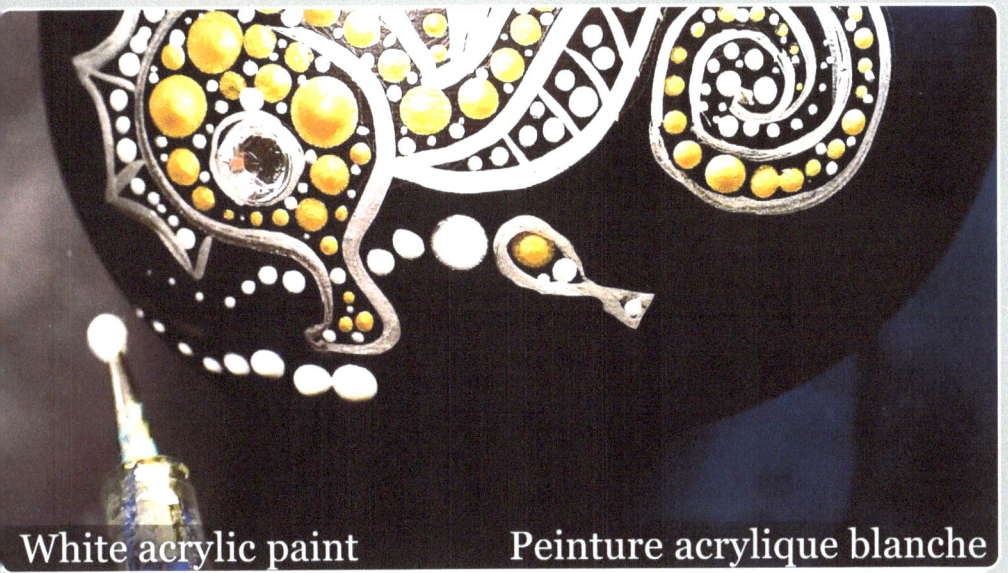

White acrylic paint — Peinture acrylique blanche

11 Poursuivre sur les bulles d'air sortant de la bouche de l'hippocampe.

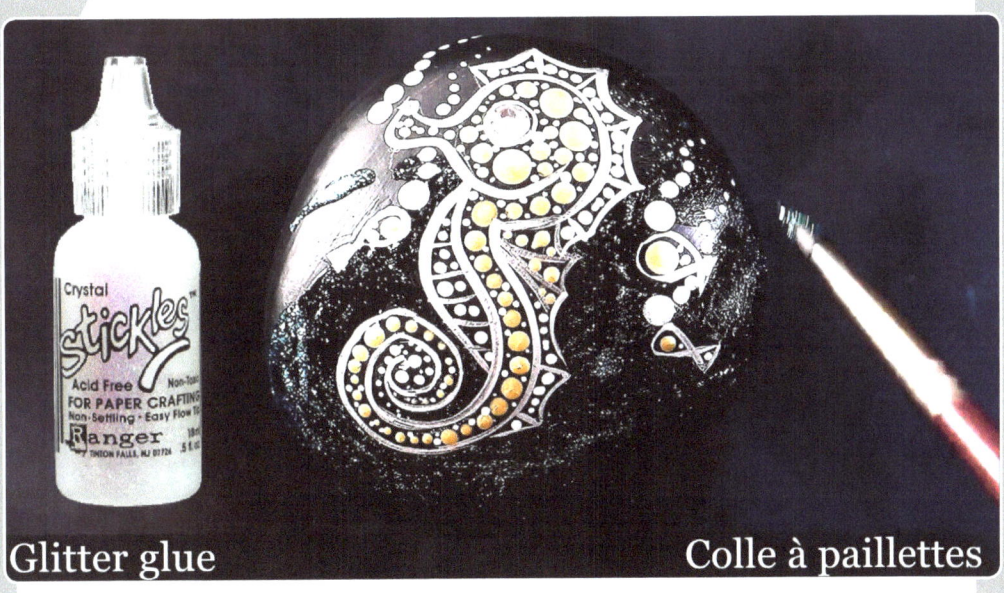

Glitter glue — Colle à paillettes

12 Étaler sur la partie noire autour de l'hippocampe une bonne couche de colle à paillettes.

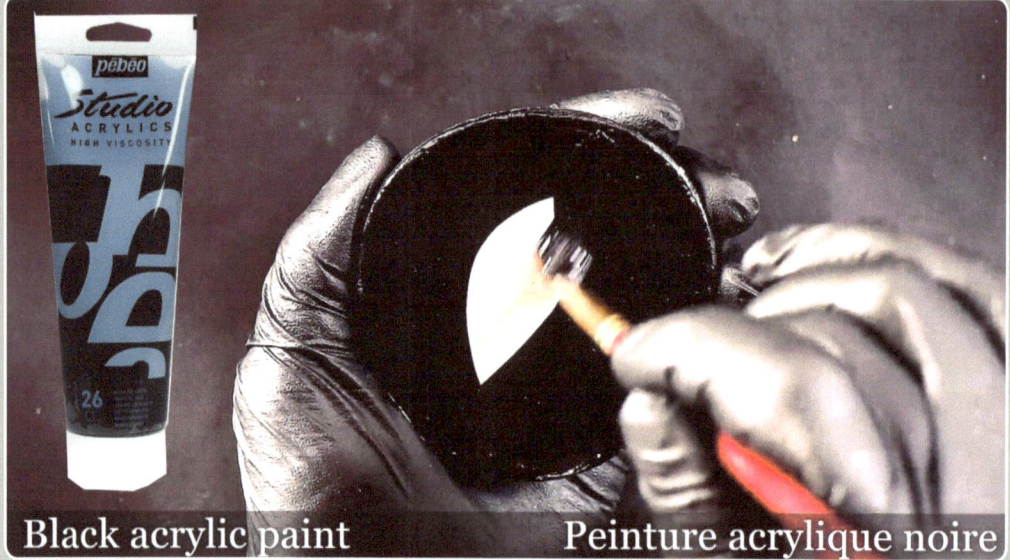

Black acrylic paint — Peinture acrylique noire

13 Retourner le galet et peindre l'arrière avec votre couleur de fond. C'est le moment d'y mettre votre signature ou une dédicace au marqueur blanc !

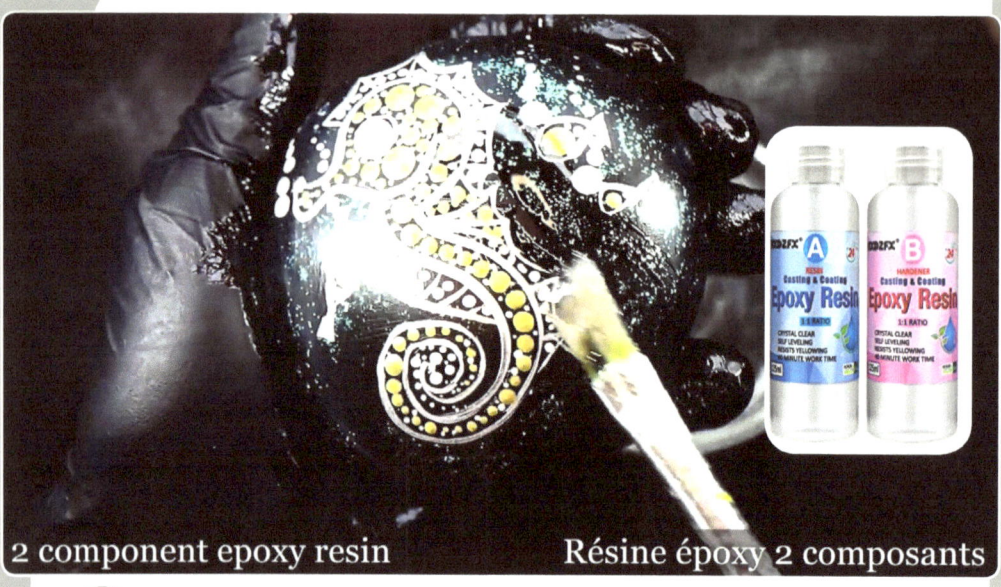

2 component epoxy resin — Résine époxy 2 composants

14 Mélanger les 2 composants de la résine époxy, ou prendre du vernis acrylique brillant et l'étaler au pinceau ou au gant.

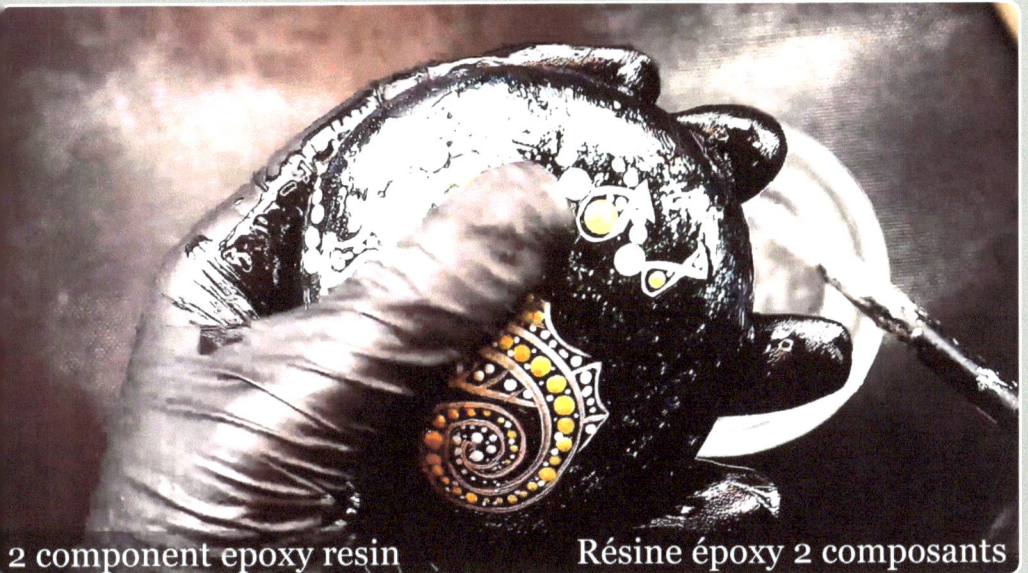

2 component epoxy resin — Résine époxy 2 composants

15 Répartir la résine ou le vernis partout. L'idéal est de passer 24h plus tard une seconde couche.

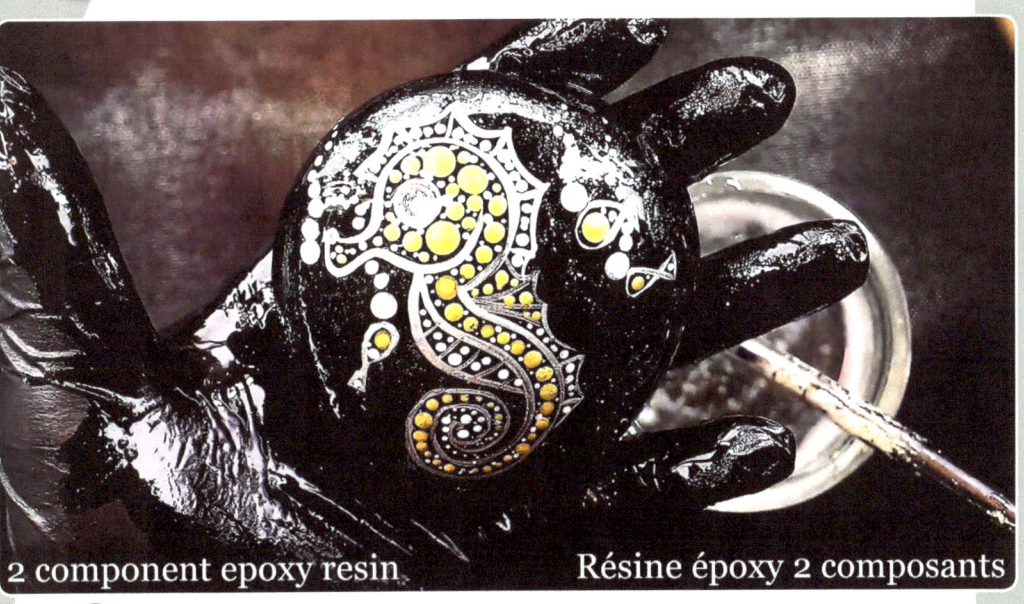

2 component epoxy resin — Résine époxy 2 composants

16 Laisser sécher 24 heures à l'abri de la poussière dans un coin tranquille... Puis admirer enfin votre œuvre !

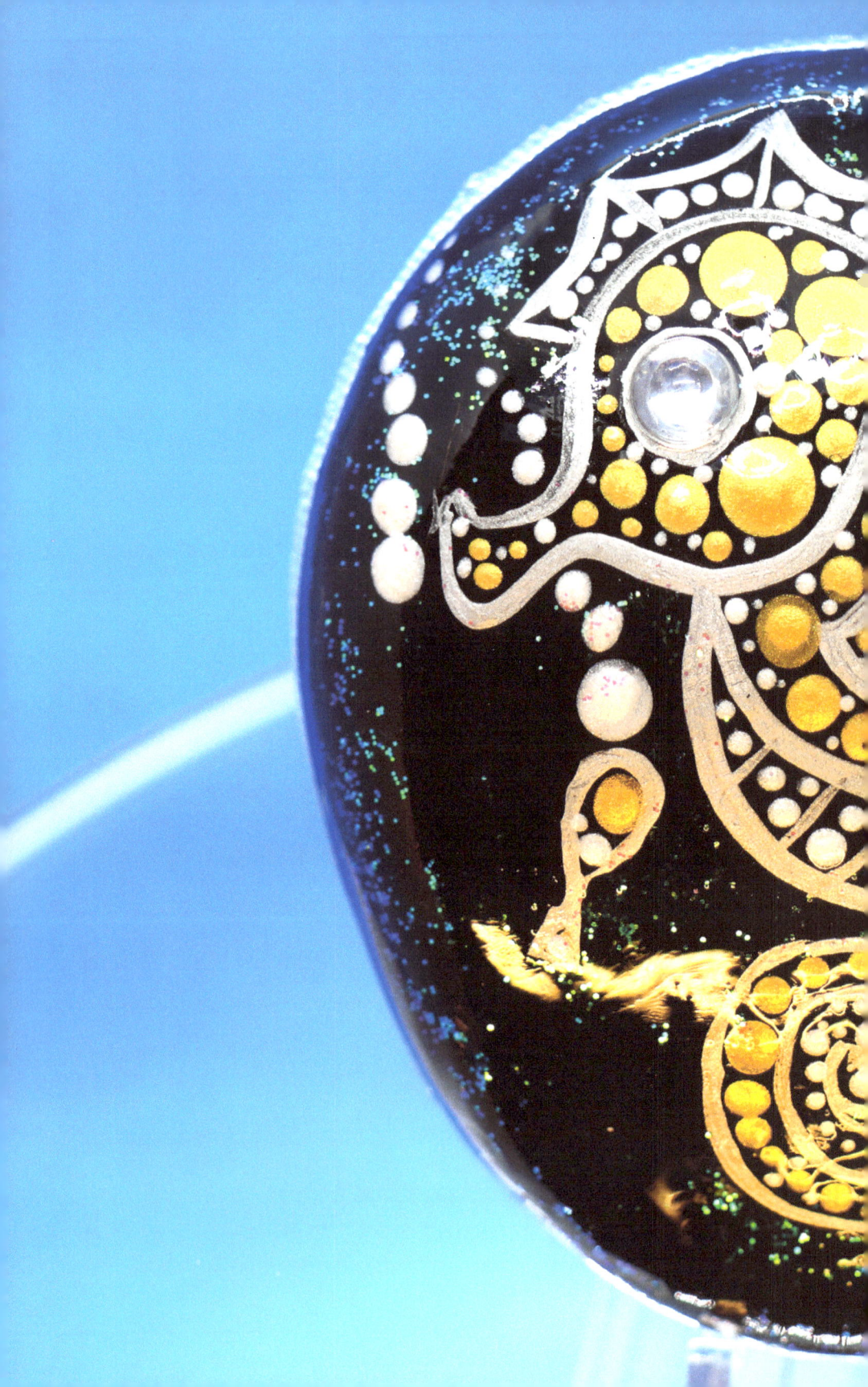

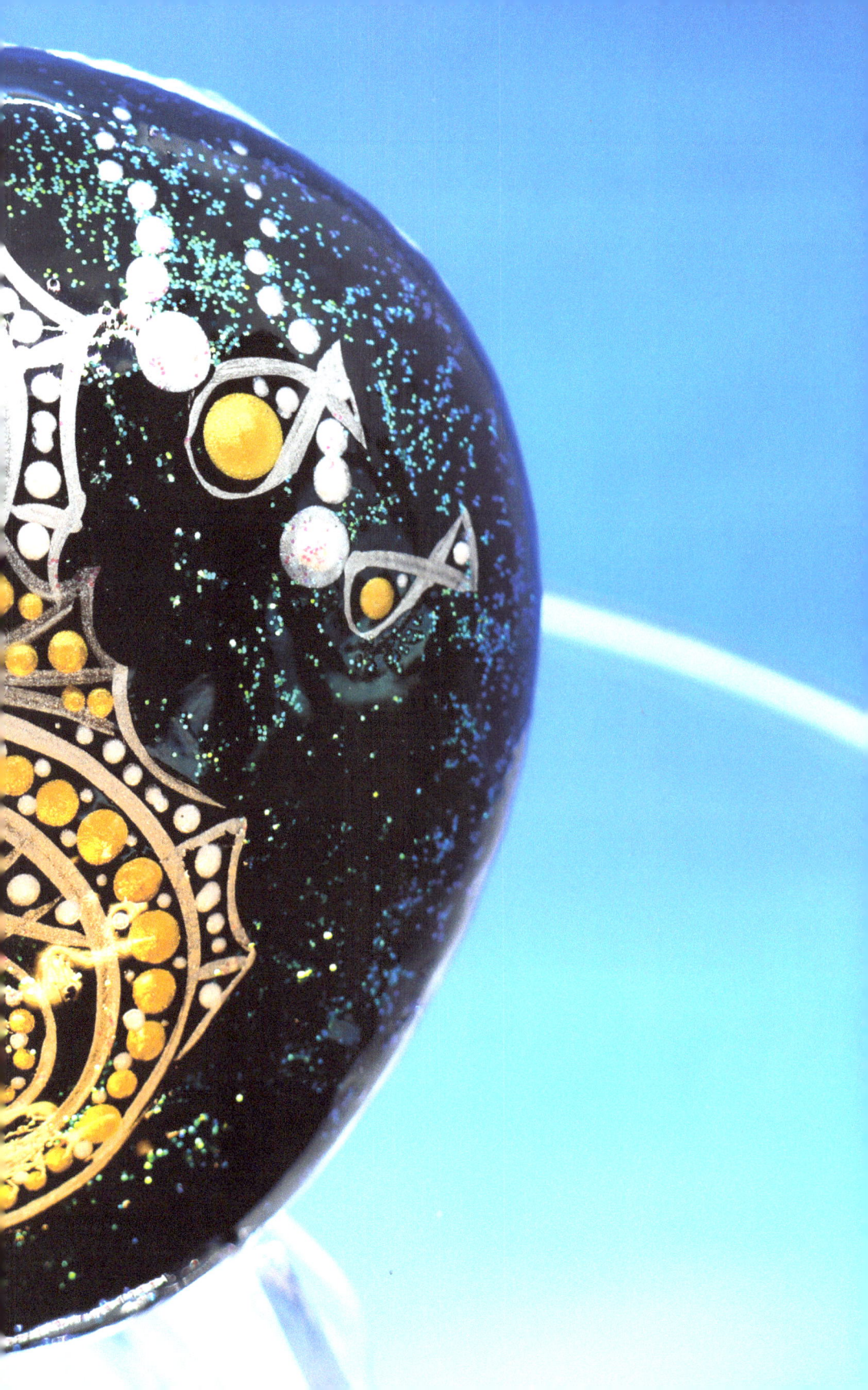

PEINDRE SUR UN GALET PAS À PAS

Exemple 2 : **DRAGON**

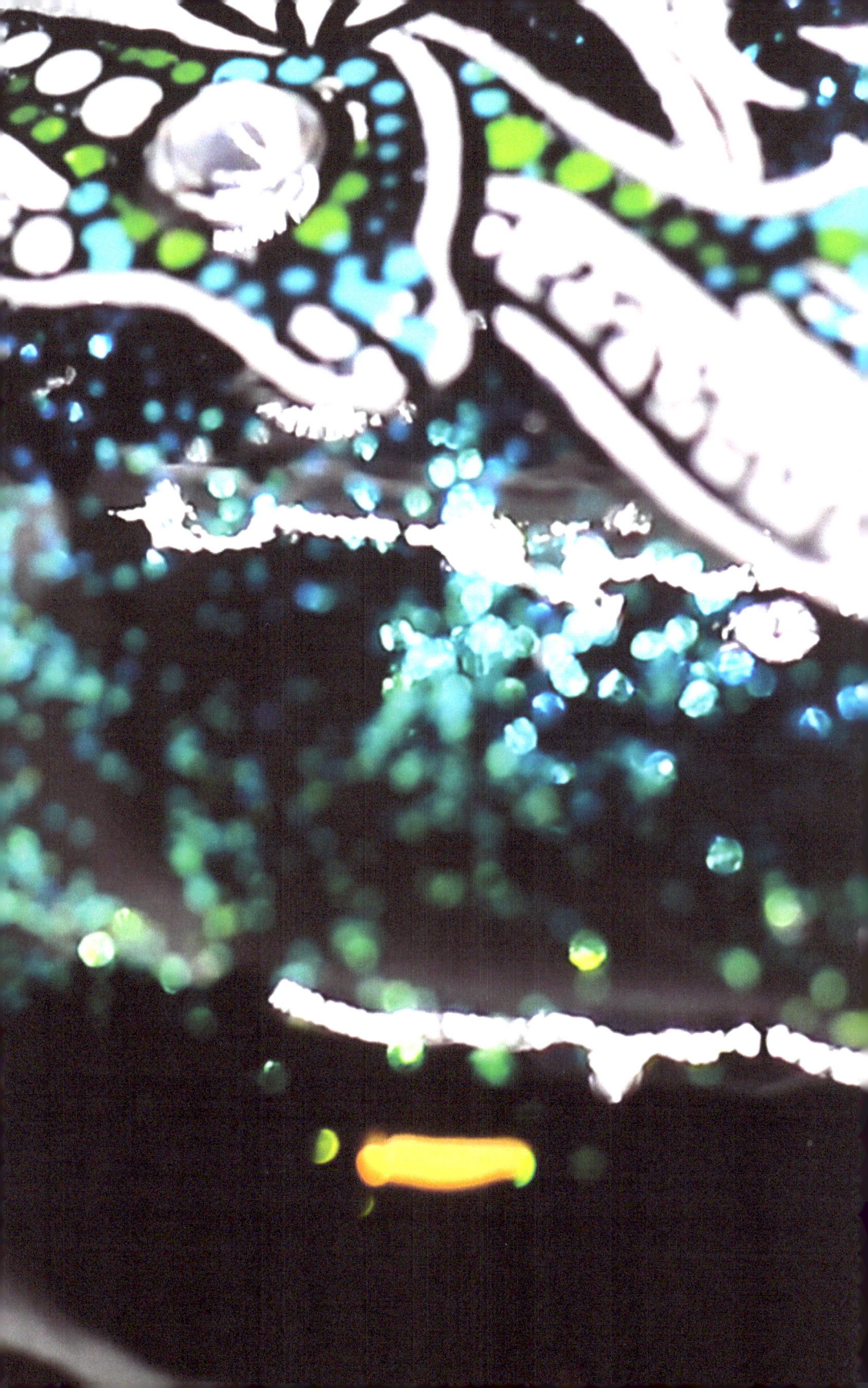

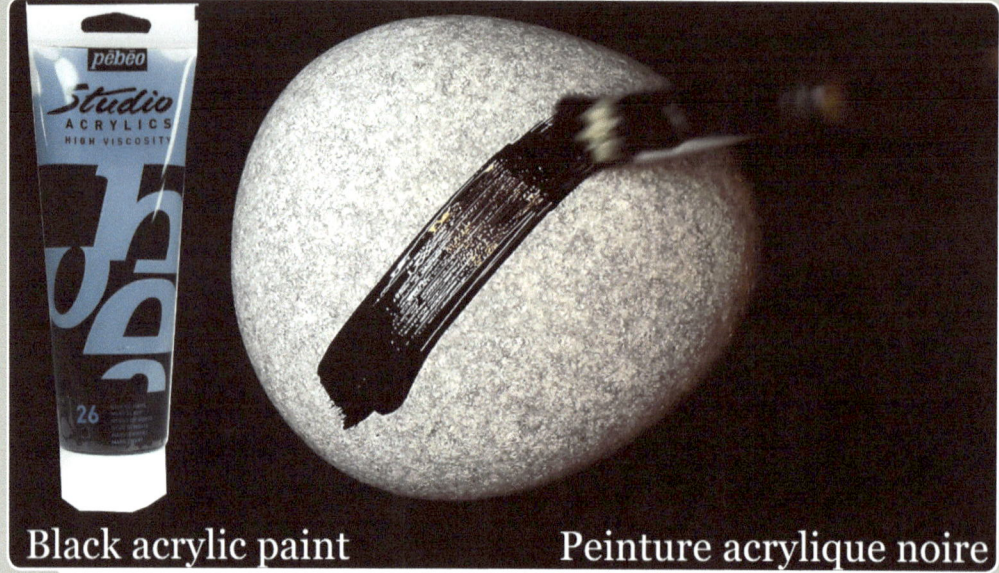

Black acrylic paint — Peinture acrylique noire

1 Utiliser une peinture couvrante acrylique noire ou foncée pour recouvrir la face avant de votre galet.

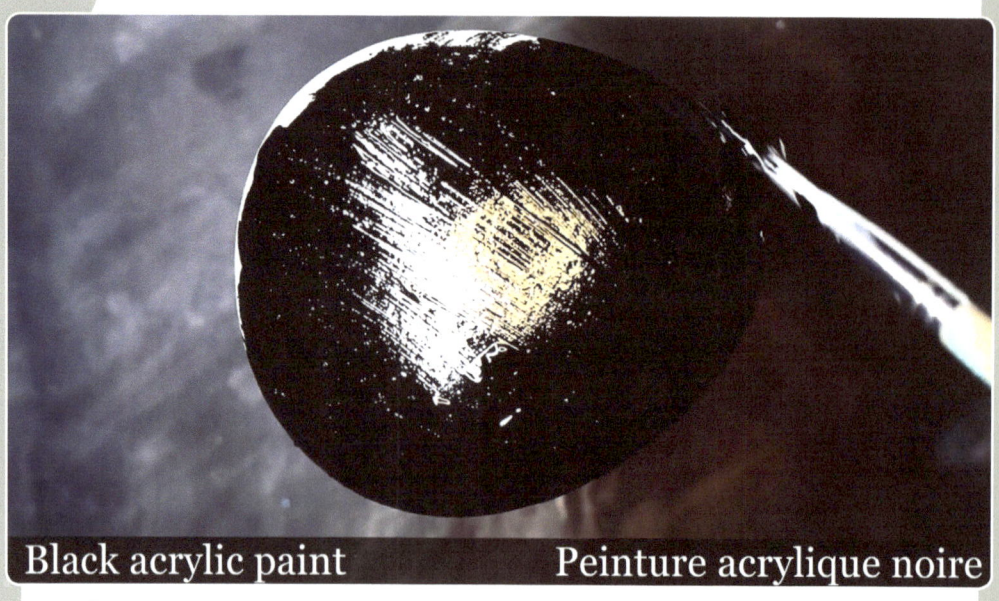

Black acrylic paint — Peinture acrylique noire

2 Bien recouvrir les bords externes, puis laisser sécher 30 minutes.
Astuce : *Le sèche-cheveux ramènera à quelques secondes votre temps de séchage !*

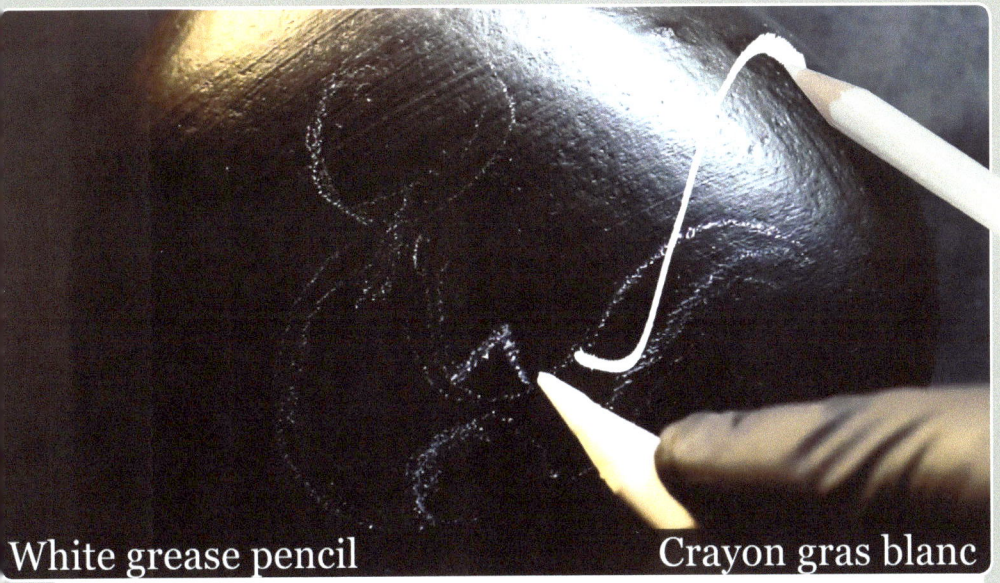

White grease pencil — Crayon gras blanc

3 Commencer par dessiner les grandes lignes de votre dragon (corps et tête) au crayon à papier.

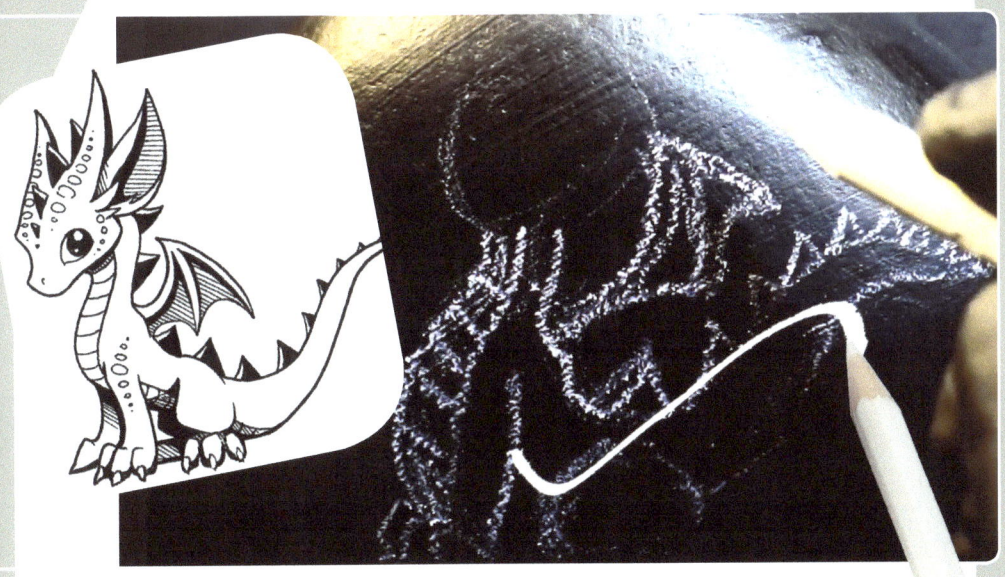

4 Puis dessiner le corps un peu plus en détail avec un crayon gras blanc si vous en avez un, plus visible qu'un crayon à papier.

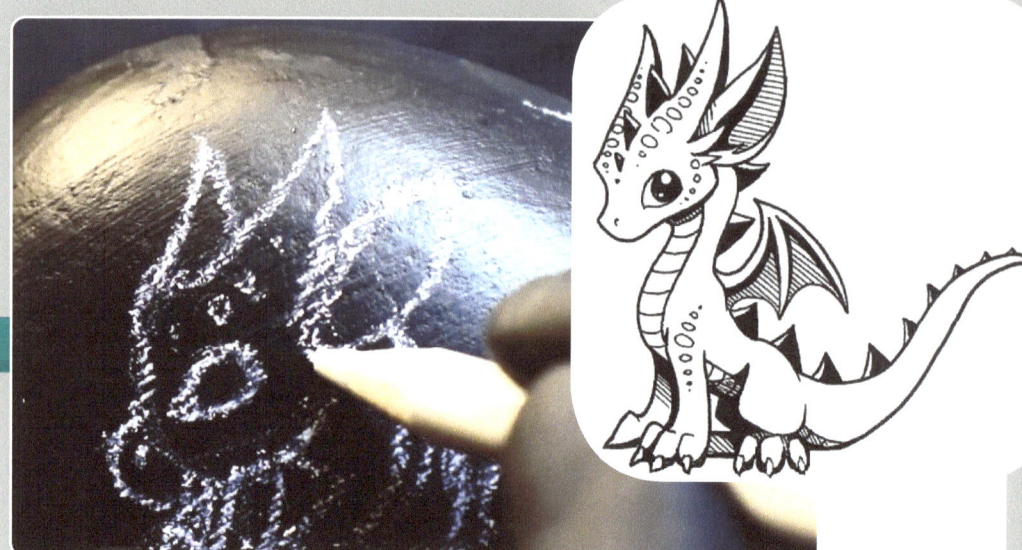

5 Poursuivre sur la tête avec quelques détails. Ne pas hésiter à chercher sur internet des modèles de petits dragons qui vous plaisent.

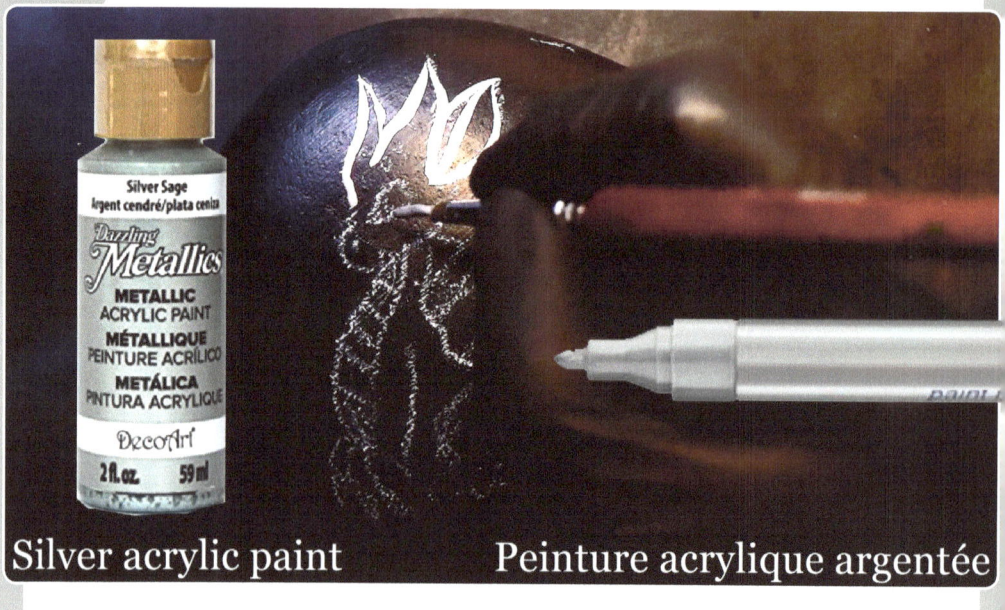

Silver acrylic paint   Peinture acrylique argentée

6 Repasser sur vos traits avec de la peinture argentée ou avec un marqueur argenté, plus facile à utiliser.

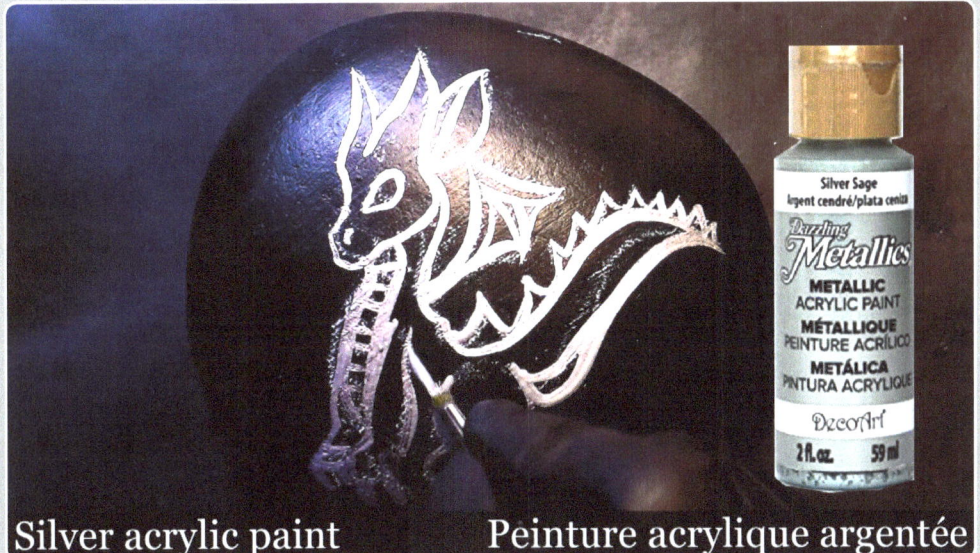

Silver acrylic paint — Peinture acrylique argentée

7 Vous pouvez rajouter des détails et peaufiner votre croquis initial.

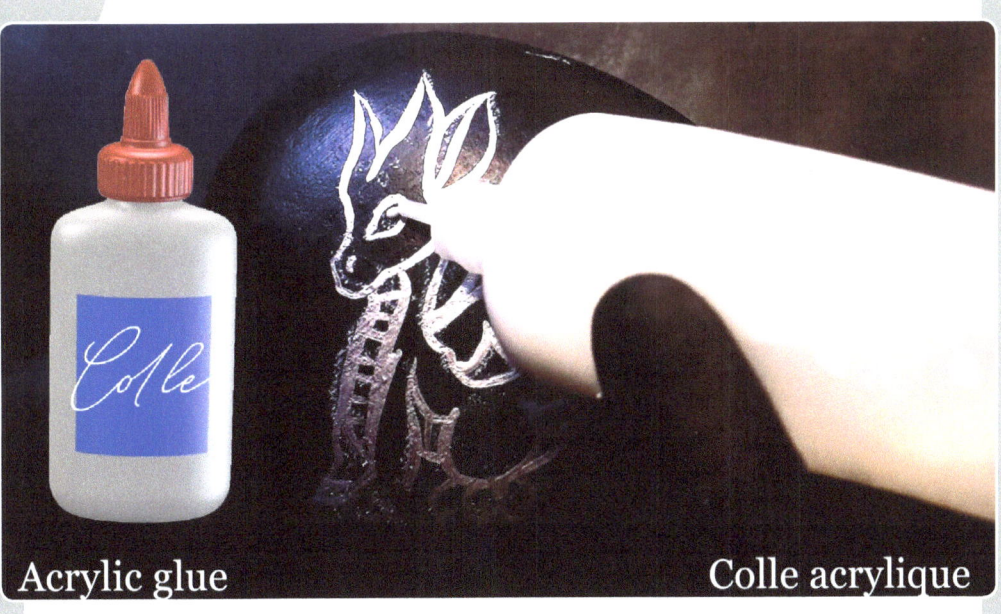

Acrylic glue — Colle acrylique

8 Avec de la colle liquide, poser une goutte sur l'œil du dragon, et ailleurs aussi si vous préférez plus de pierres précieuses...

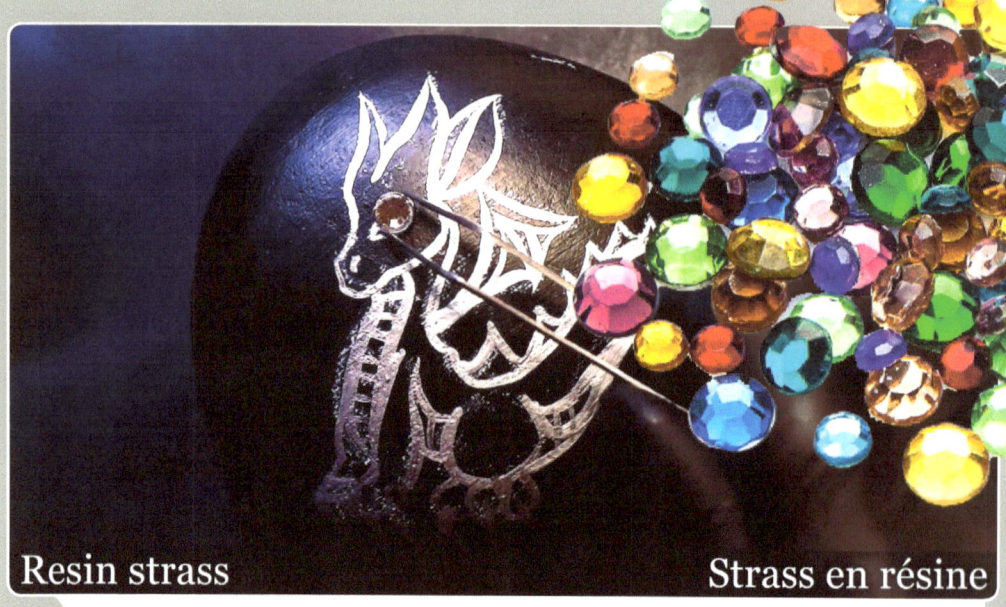

Resin strass   Strass en résine

9 Positionner votre strass artificiel sur le point de colle.

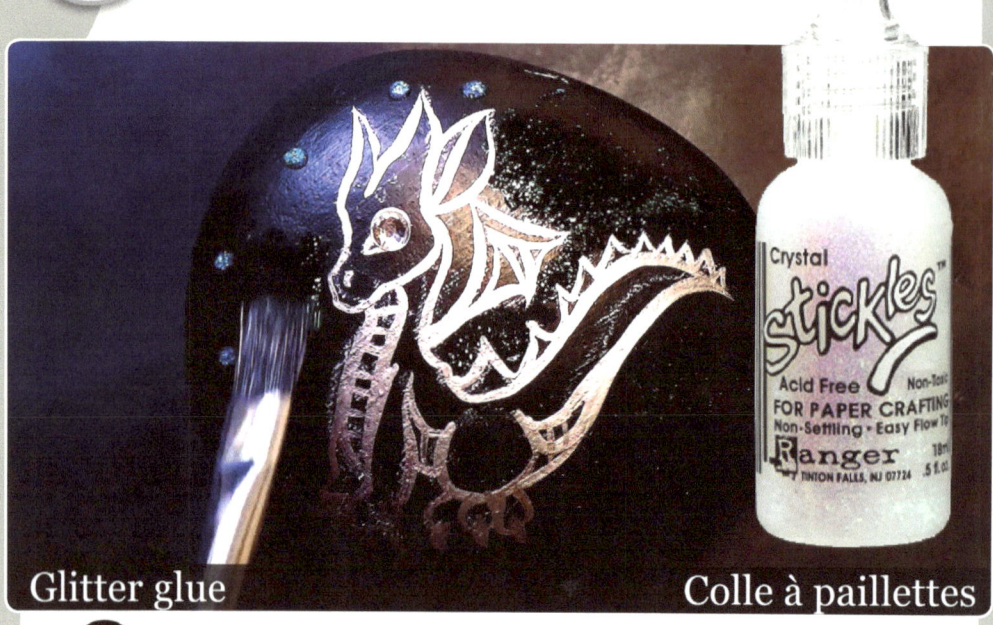

Glitter glue   Colle à paillettes

10 Tout autour du dragon, répartir quelques touches de colle à paillettes.

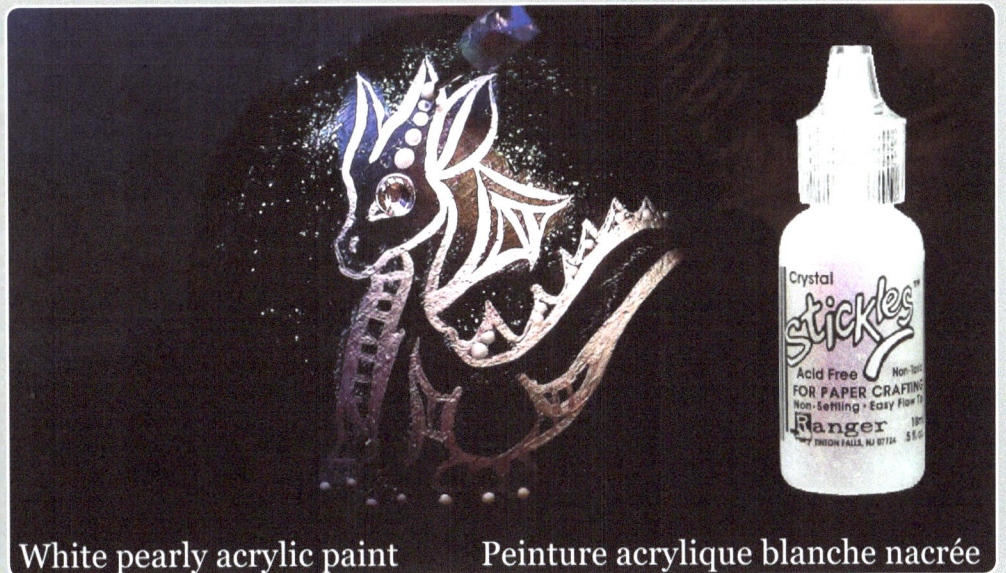

White pearly acrylic paint — Peinture acrylique blanche nacrée

11 Étaler ensuite, puis laisser sécher quelques minutes.

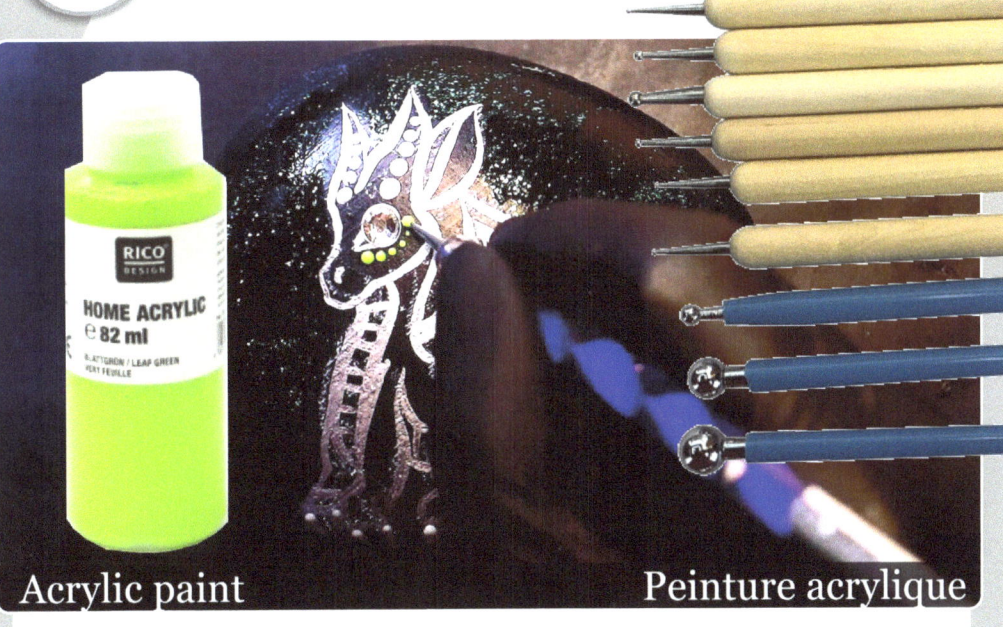

Acrylic paint — Peinture acrylique

12 Avec des embouts spéciaux pour le *«dot painting»* et de la peinture acrylique (ici verte), mettre en valeur quelques endroits sur le dragon.

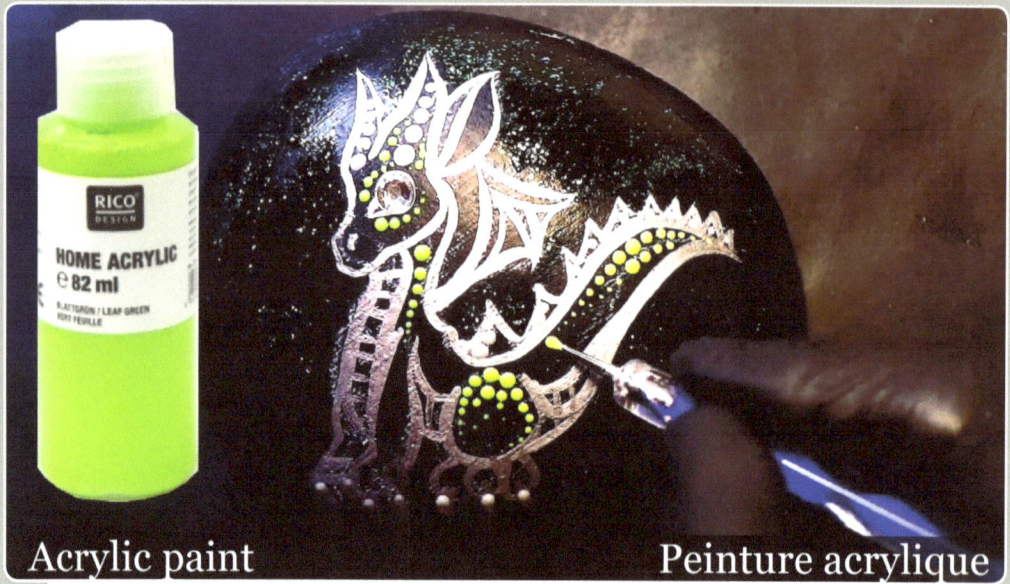

Acrylic paint — Peinture acrylique

13 Contour de l'oeil, queue, cou peuvent être mis en évidence avec cette première teinte.

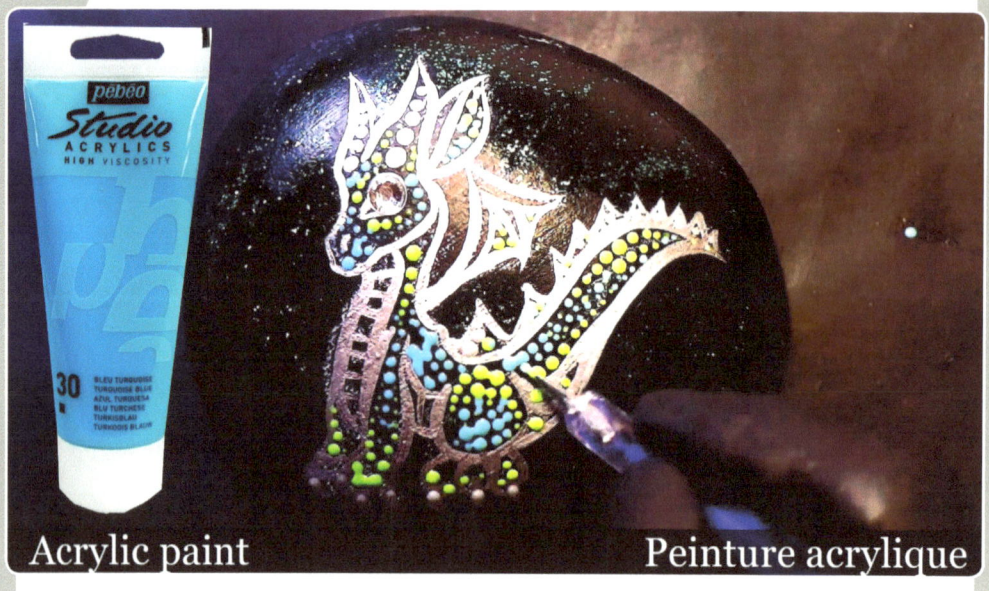

Acrylic paint — Peinture acrylique

14 Compléter avec de la peinture acrylique d'un autre coloris (ici bleu turquoise).

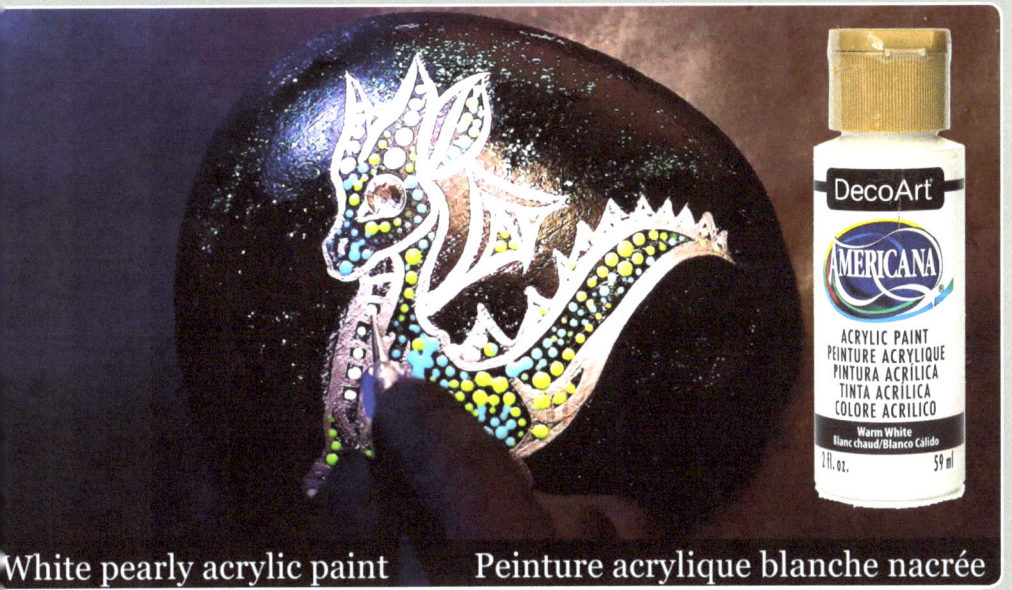

White pearly acrylic paint — Peinture acrylique blanche nacrée

15 Et enfin remplir les espaces restants avec du blanc ou du blanc nacré, toujours avec votre matériel de dot painting.

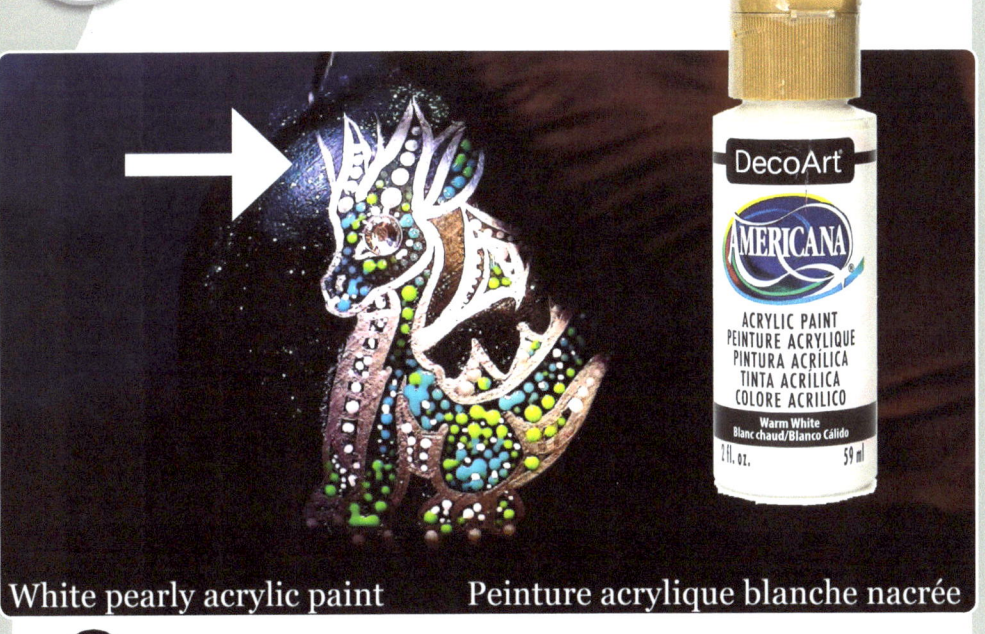

White pearly acrylic paint — Peinture acrylique blanche nacrée

16 Vous pouvez rajouter des «poils» partant de la tête vers l'extérieur pour donner un peu de caractère à votre animal.

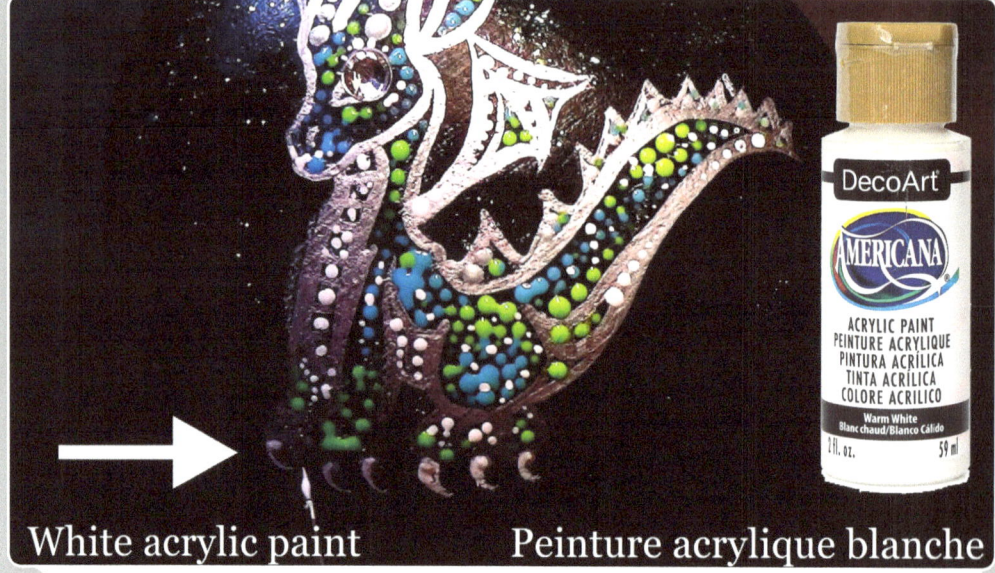

White acrylic paint — Peinture acrylique blanche

17 Avec un pinceau fin, vous pouvez dessiner de petites griffes sur les pattes.

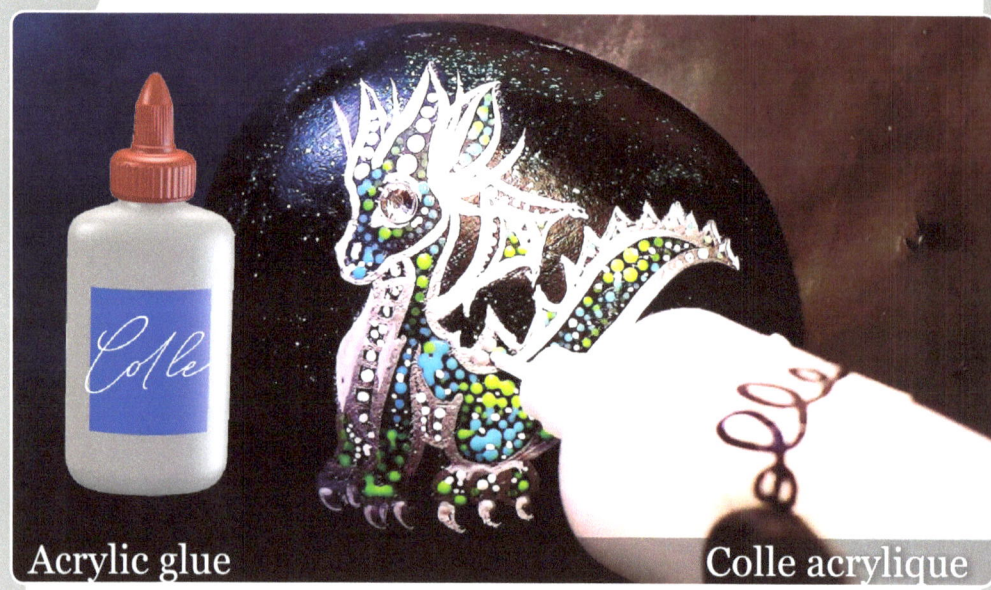

Acrylic glue — Colle acrylique

18 Placer des gouttes de colle acrylique ou liquide sur le long de la queue.

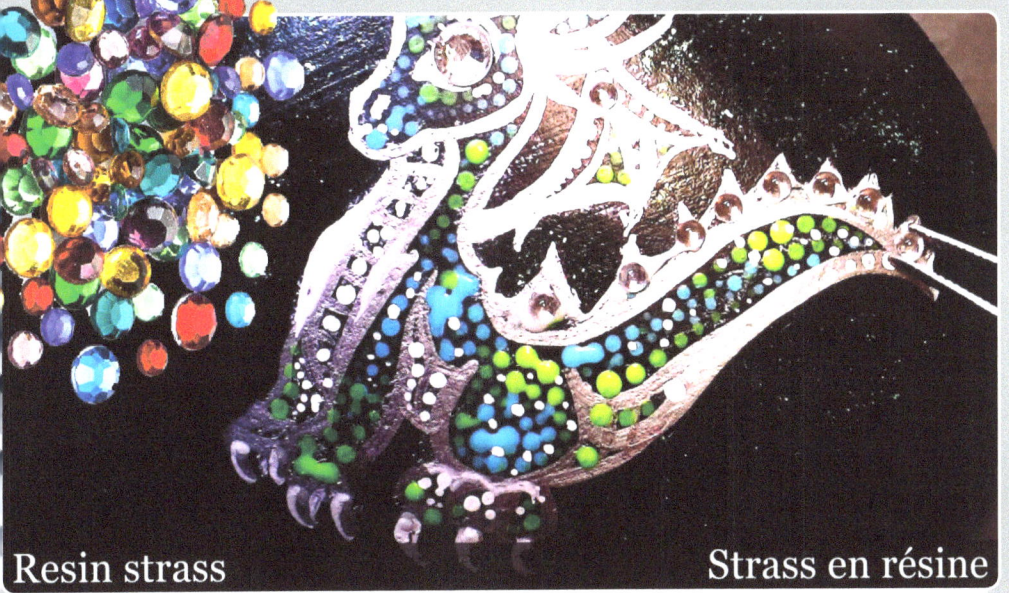

Resin strass · Strass en résine

19. Puis coller des strasses ou des pierres précieuses artificielles à l'emplacement de la colle.

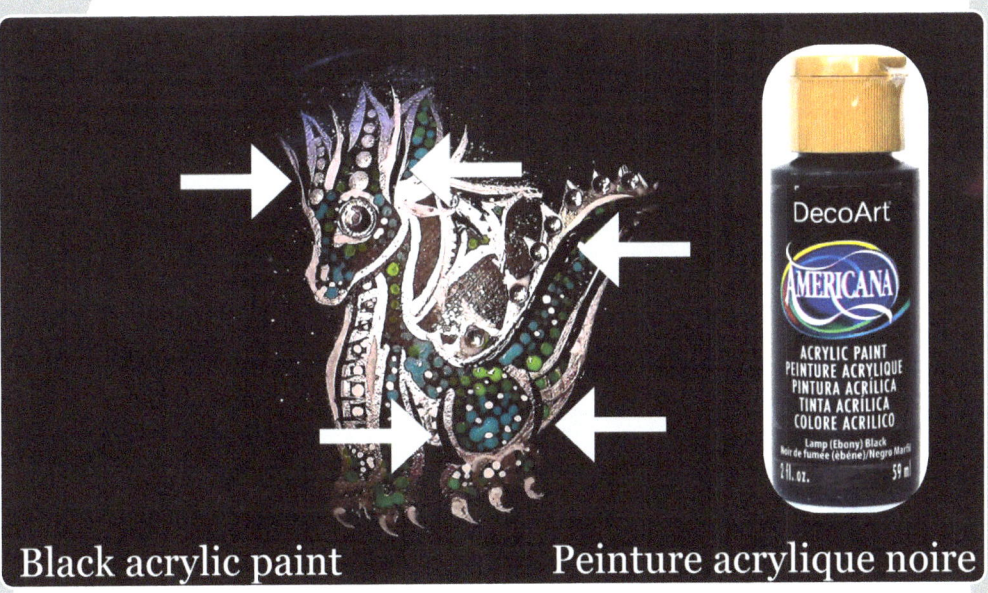

Black acrylic paint · Peinture acrylique noire

20. Vous pouvez mettre en valeur la silhouette générale du dragon en surlignant en noir quelques endroits (oreilles, cuisse, queue…)

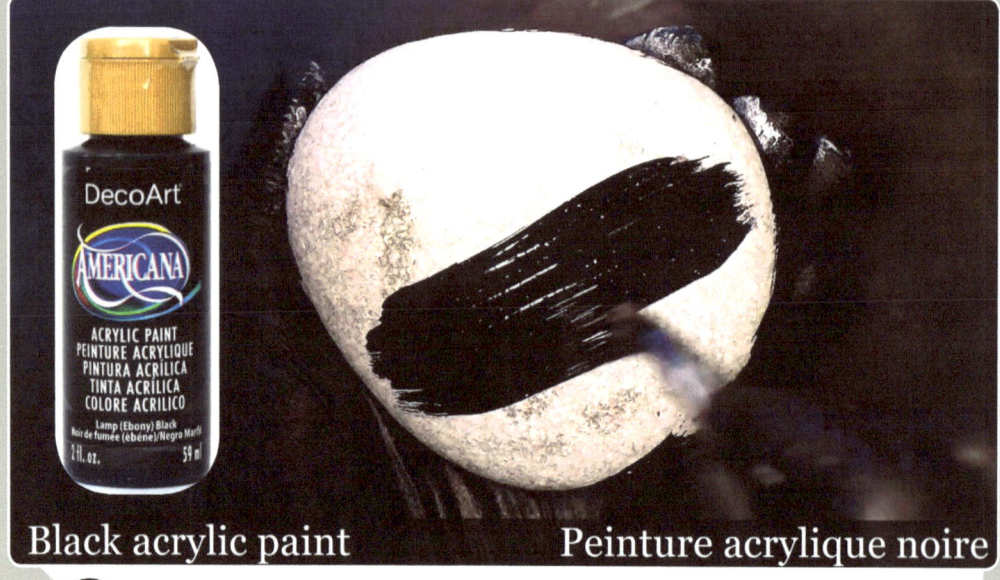

Black acrylic paint • Peinture acrylique noire

21 Une fois l'avant bien sec, retourner le galet puis peindre la face arrière sans salir le recto.

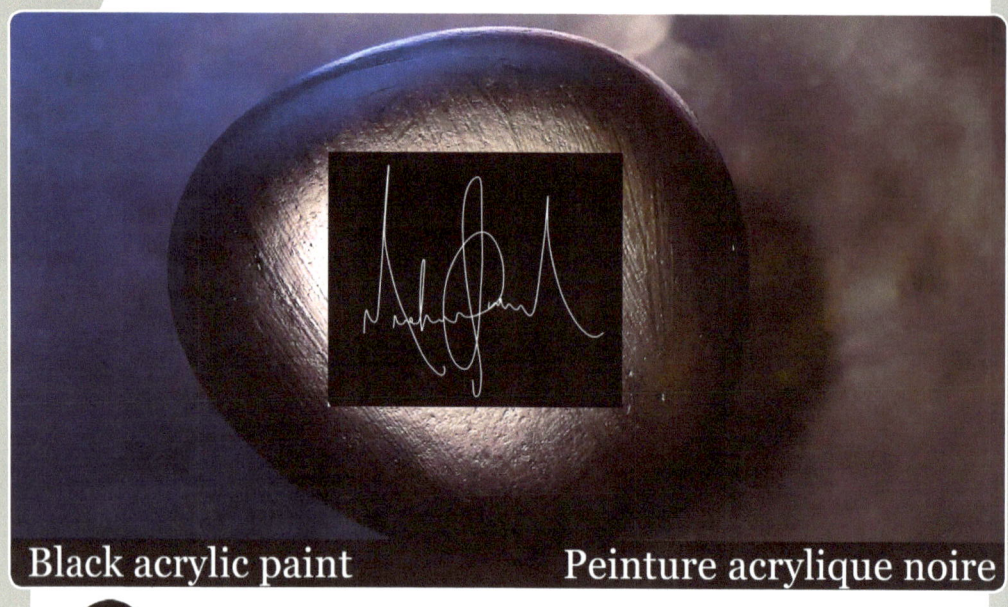

Black acrylic paint • Peinture acrylique noire

22 C'est le moment de placer ici une signature ou bien une dédicace !

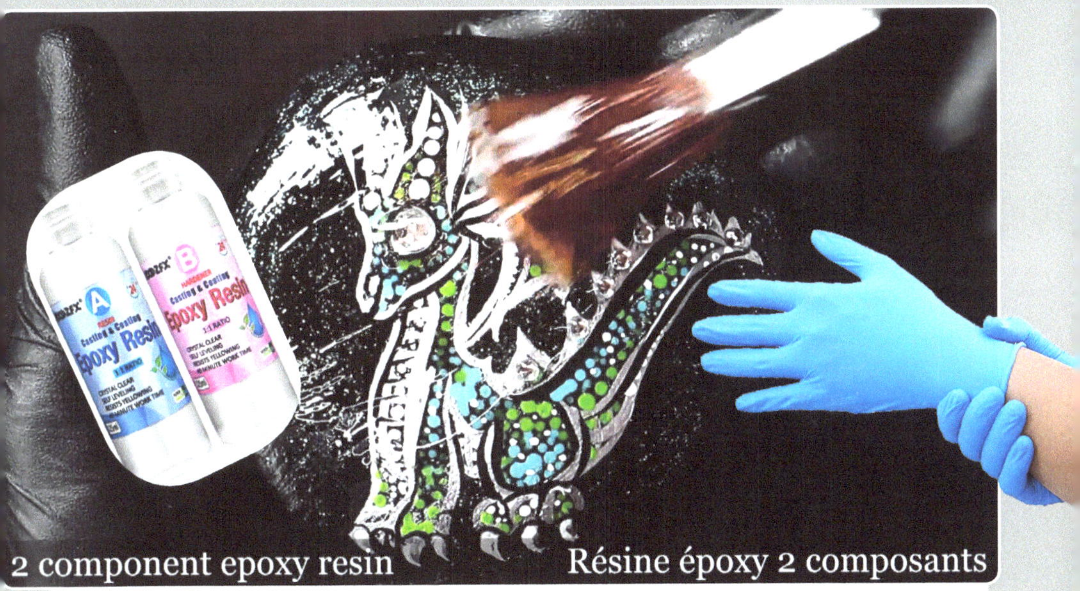

2 component epoxy resin   Résine époxy 2 composants

23

Vernir ensuite au vernis brillant acrylique ou bien à la résine époxy à deux composant votre galet maintenant terminé. Et voilà !

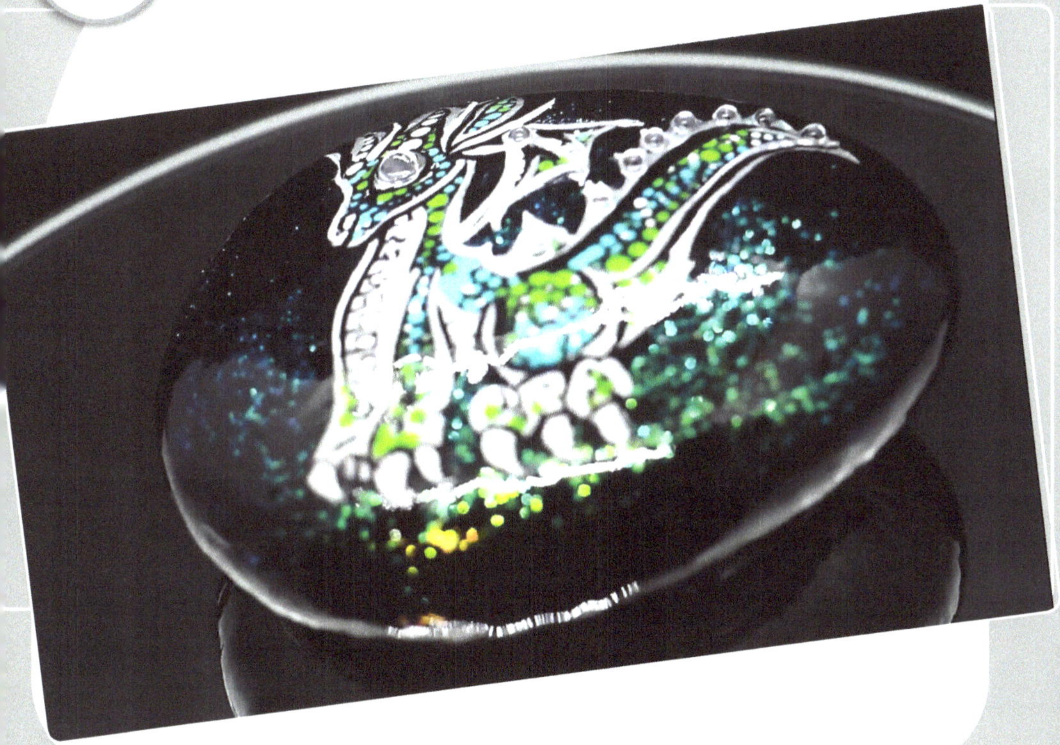

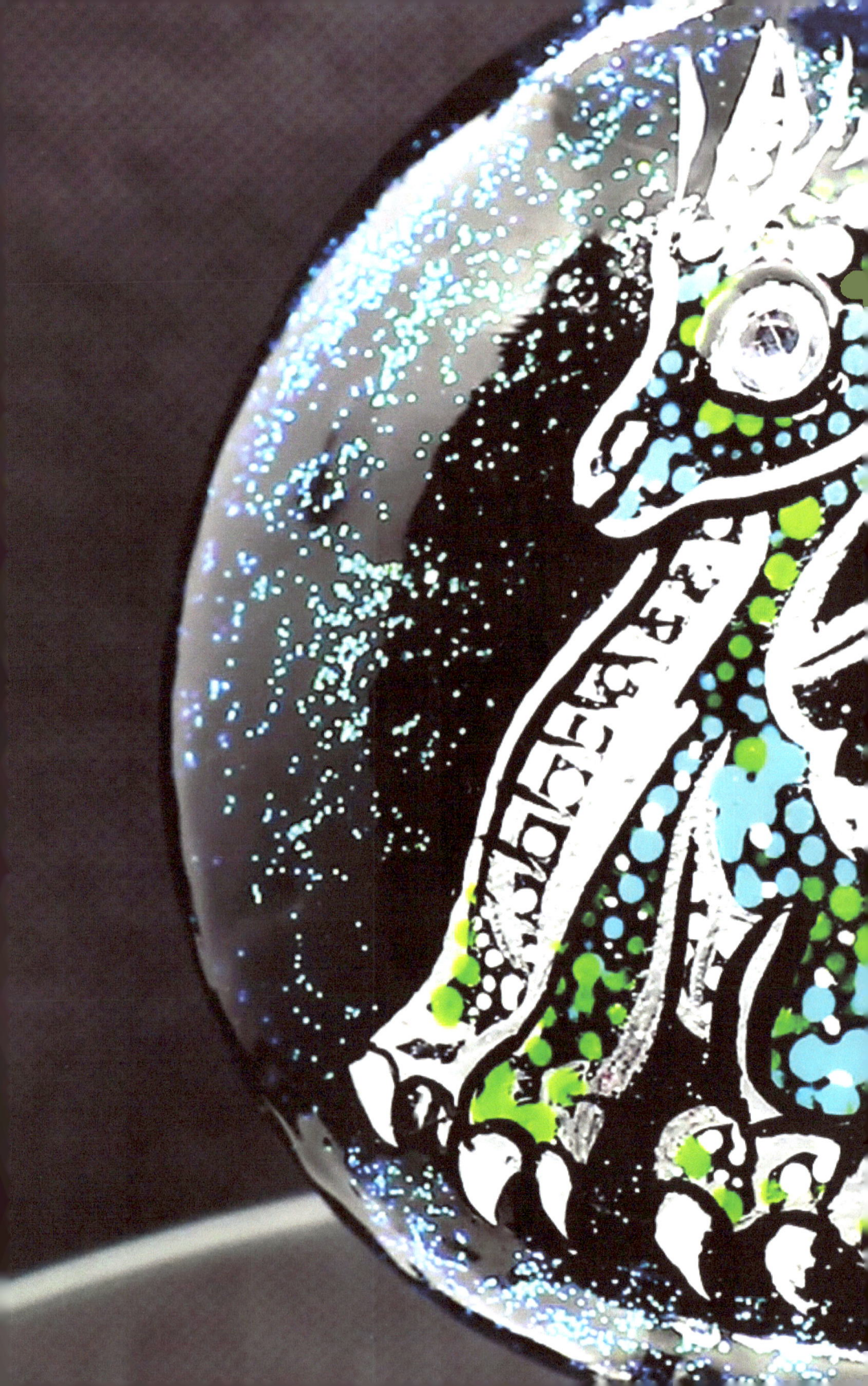

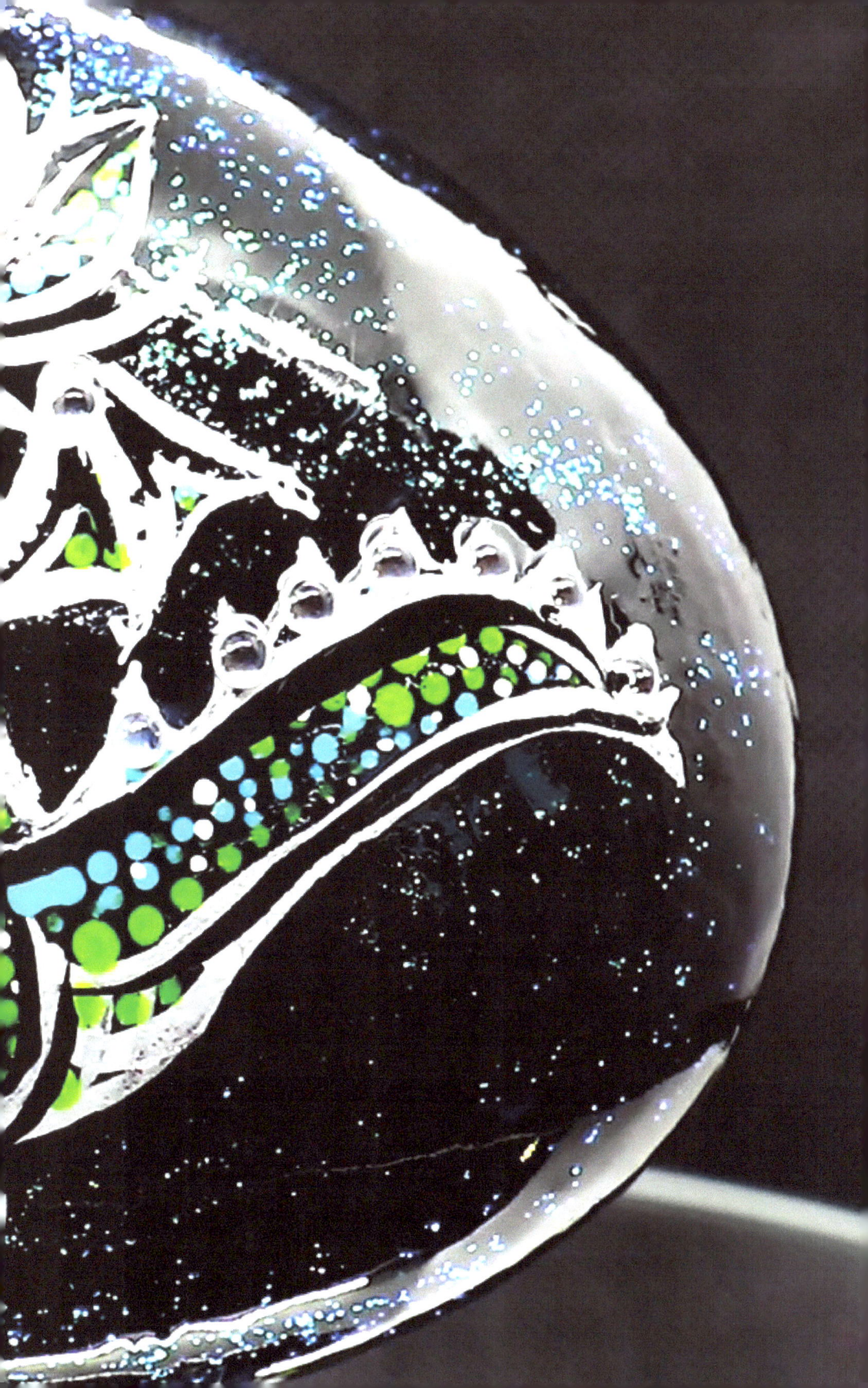

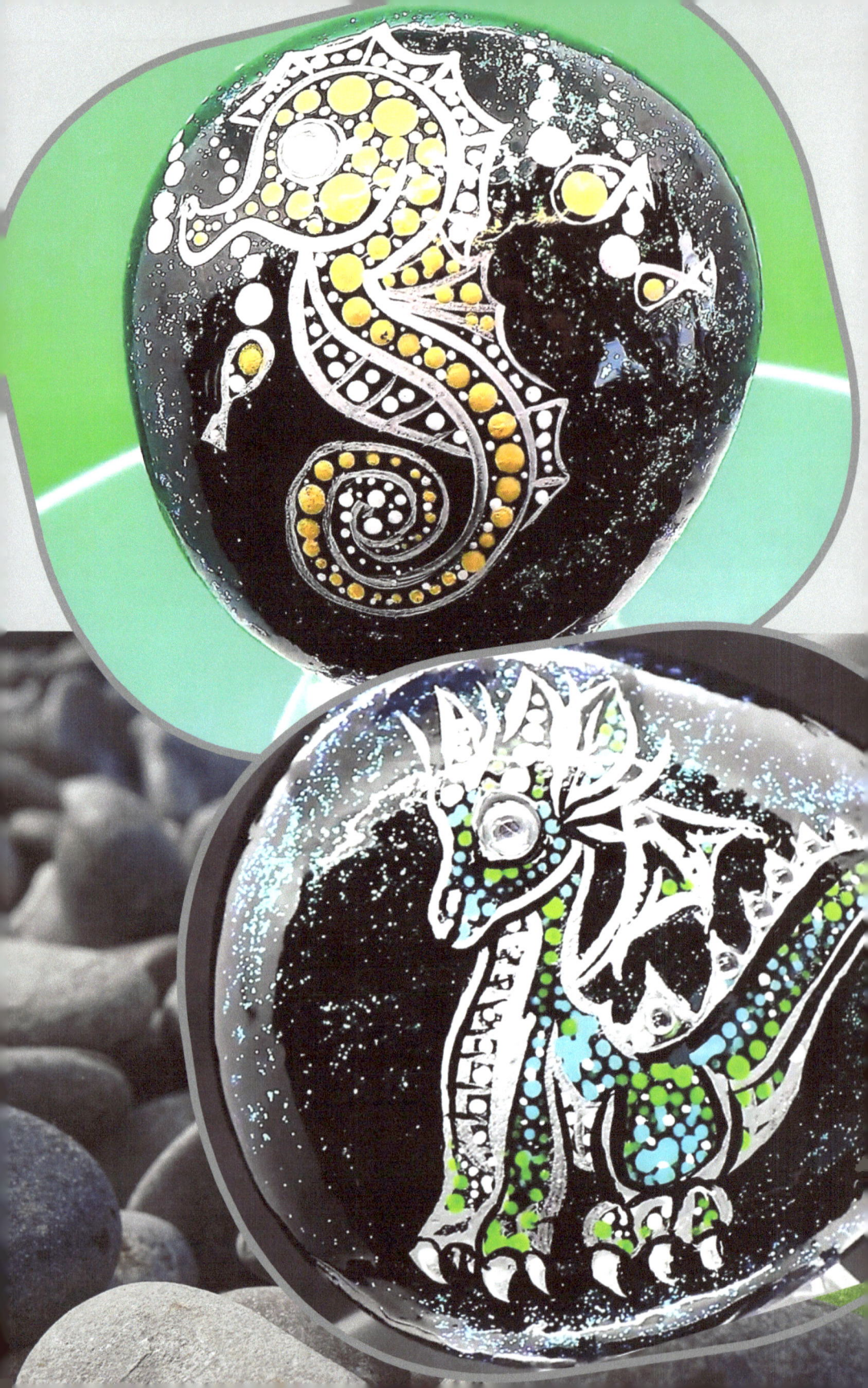

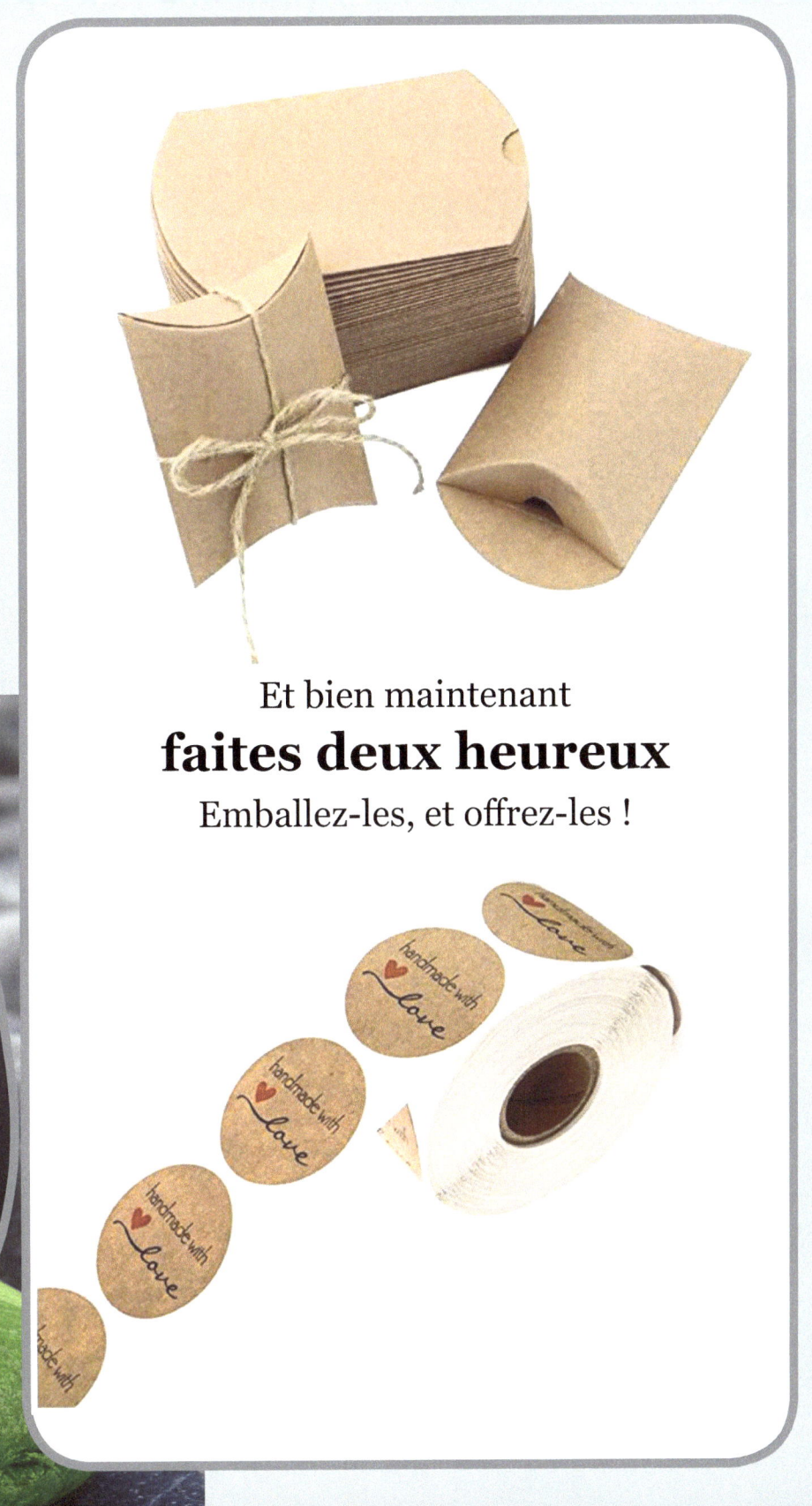

Et bien maintenant
faites deux heureux
Emballez-les, et offrez-les !

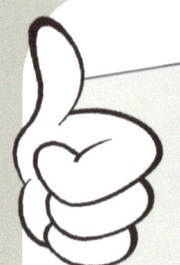

Dans la même série, collectionnez tous les numéros :
Peindre sur un galet pas à pas !
C'est facile, il suffit de suivre les étapes...

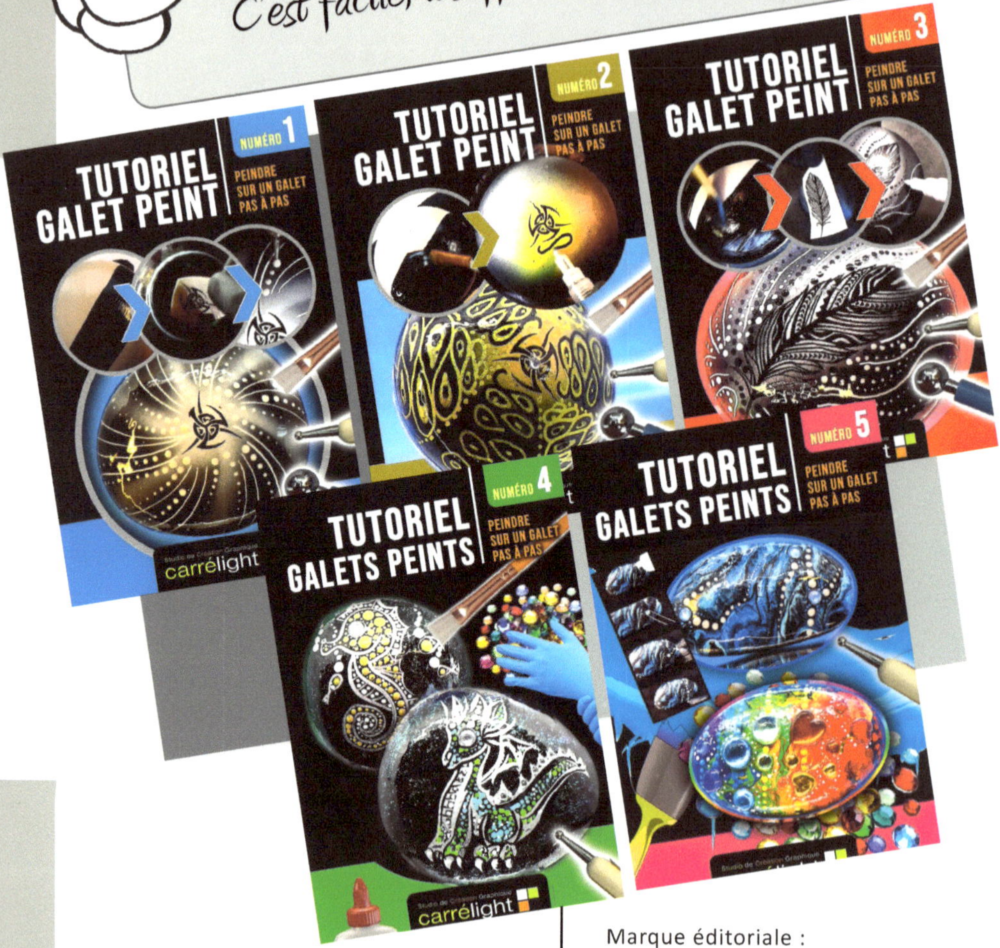

Code de la propriété intellectuelle n'autorisant, aux termes de l'article L 122-5 (2° et 3°a), d'une part, que les « copies ou reproductions strictement réservées à l'usage privé du copiste et non destinées à une utilisation collective » et, d'autre part, que les analyses et les courtes citations dans un but d'exemple et d'illustration, « toute représentation ou reproduction intégrale ou partielle faite sans le consentement de l'auteur ou de ses ayants droit ou ayants cause est illicite » (art L 122-4). Cette représentation ou reproduction, par quelque procédé que ce soit, constituerait donc une contrefaçon sanctionnée par les articles L335-2 et suivants du Code de la propriété intellectuelle.

Marque éditoriale :
Independently published
© **Studio Graphique Carrélight**
Tous droits réservés.
1er dépôt légal : Mai 2021
ISBN (version papier) :
978-2-9563734-6-9
Imprimé à la demande par Amazon
Illustration & mise en page :
NOY / Karine Leroy
Studio Graphique Carrélight
La Pallière
50560 Blainville-sur-Mer

www.ingramcontent.com/pod-product-compliance
Lightning Source LLC
Chambersburg PA
CBHW040258220526
45473CB00002B/521